国家出版基金项目
NATIONAL PUBLICATION FOUNDATION

战略性新兴产业
科普读本

丛书总主编
褚君浩 院士

新材料产业

周 戟 主编

上海科学技术文献出版社
Shanghai Scientific and Technological Literature Press

图书在版编目（CIP）数据

新材料产业 / 周戟主编．—上海：上海科学技术文献出版社，2014.6

（战略性新兴产业科普读本）

ISBN 978-7-5439-6230-9

Ⅰ．①新… Ⅱ．①周… Ⅲ．①材料工业—产业发展—普及读物 Ⅳ．①F407-49

中国版本图书馆 CIP 数据核字（2014）第 079983 号

本书获国家出版基金、上海科普图书创作出版专项资金资助

责任编辑：陈云珍 石 婧

装帧设计：一步设计

新材料产业

周 戟 主编

出版发行：上海科学技术文献出版社

地 址：上海市长乐路 746 号

邮政编码：200040

经 销：全国新华书店

印 刷：上海中华商务联合印刷有限公司

开 本：720×1000 1/16

印 张：12.275

字 数：189 000

版 次：2014 年 6 月第 1 版 2014 年 6 月第 1 次印刷

书 号：ISBN 978-7-5439-6230-9

定 价：58.00 元

http://www.sstlp.com

战略性新兴产业科普读本

丛书编写委员会

PREFACE | 序言

经过各位作者和编辑的辛勤劳动，“战略性新兴产业科普读本”丛书和读者见面了。当前科学技术和产业发展表明，新一次工业革命正在悄然发生之中，这一波浪潮将主要波及新兴产业领域。在当前创新驱动转型发展的关键时期，了解和把握战略性新兴产业的背景、内涵及有关知识，有利于促进新兴产业的发展，有利于加深对新一次工业革命态势的认识，从而确保在新工业革命到来之际，能够把握先机，抢占新一轮科技经济发展的制高点。

从世界历次工业革命的规律及其对经济社会发展的影响出发，根据当前新工业革命发生的科技和经济社会背景，以及国际上的分析，当前人类迫切需要解决的问题和现实需求，以及对未来生活的美好期望，将是第三次工业革命的驱动力。新的工业革命是以半导体物理带动微电子技术新发明、从而激发信息科学技术高度发展为基础，以信息技术和物质科学技术的深度融合为特征，并由能源科学、工程科学、材料科学、生物科学等一系列学科的科学发现与技术发明多轨并行、交叉推动。第三次工业革命将实现新一代信息技术高度发展，并与新能源技术、智能化体系构建技术、先进制造技术和生物技术等的深度融合，推动能源互联网、智能化复杂系统和信息化数字制造技术的新兴产业发展，实现以建设数字地球、智慧地球、低碳地球和绿色地球，实现可持续发展为目标的新兴产业革命性发展。

战略性新兴产业是新一次工业革命的若干具体发展方向，是发挥产业引领作用的关键。为了应对新工业革命，国务院发布了《关于加快培育和发展战略性新兴产业的决定》，制定了七个领域的新兴产业发展规划，这七个领域就是：节能环保产业、新一代信息技术产业、生物产业、高端装备制造产业、新能源产业、新材料产业、新能源汽车产业。

本丛书系统地介绍了这些新兴产业的发展轨迹和知识内涵，讨论了新兴产业和科学技术、社会经济发展的关联性，讨论了发展新兴产业的途径，探讨了新兴产业发展的未来图景。同时，也宣传一些发展理念，强调了加强基础研究和核心技术研发的重要性，要奏好“科学发现”—“技术发明”—“产业发展”三部曲，需要培育创新环境、构建基于核心技术创新联盟的产学研合作体系，搭建面向新工业革命的共性技术研究平台，推动技术创新浪潮；需要构建未来产业培育体系，引导产业创新；需要推动适应新工业革命需要的机制体制建设，建立新工业革命促进机构，创新人才工程，提高知识产权保护效率，推动以风险基金为主的科技金融体系建设；需要加强创新文化建设。

本丛书努力以晓畅的通俗语言、严谨的逻辑结构、丰富的感性资料、周密的分析推理，展现战略性新兴产业的概貌。希望对普及战略性新兴产业的相关知识能够有所助益，同时也希望得到广大读者的建议和批评。

2014 年 6 月

FOREWORD | 前言

考古学者将古猿—猿人—古人—今人的发展阶段，按当时使用工具材料的先后，划分为石器时代、青铜器时代、铁器时代。18世纪，蒸汽机的发明拉开了工业革命的序幕，就有了“工业时代”之称。今天，以计算机为代表的信息科技欣欣向荣，人们又称当代为“信息时代”。

人类创造了空前丰富的社会财富产品，这应归功于两个方面的贡献：一是人类辛勤的智力劳动和体力劳动；二是大自然慷慨地给予创造财富所需的自然资源。

自然资源包括煤、石油、天然气等化学能源，阳光、水力、风力等物理能源。人类是如何把这些自然资源变成物质财富的呢？实践证明，绝大多数自然物不能直接变成财富产品，它们必须先被加工为“材料”的一类中间物，中间物又经过一次或多次的再加工，才能成为人们需要的财富产品。例如棉花不能直接缝成衣服，必须先纺成纱，纱再织成布，布料可缝成衣服……可见人类欲获得财富产品，自然资源变成材料的中间环节必不可少。

中间物的制造过程大致是这样的：人们索取自然物，付出劳动和能量，以工具或设备制成中间物——材料。例如冶铁者从自然索取铁矿石和炭料后，将它们置于冶铁炉中，高温燃烧的炭与矿石发生化学变化，还原出钢铁材料。

至此，我们知道自然资源仅是社会财富产品的物质基础，中间物——材料，才是制成产品的直接原料。显然，材料的性能将直接影响终端产品的优劣。

材料产业的重要性不言而喻，古今皆是如此。

随着物质产品的丰富、生活水平的提高和科技的飞速进步，人们对物质产品的期望值与日俱增。新兴的产业呼唤着性能优越的新材料，不论研究者、生产者还是消费者，都对新材料有了各种要求。

本书就是在这样的形势下撰写的。因为材料的多样性，书中将材料分为结构材料和功能材料来论述。前者指具备优异力学性能者，以钢铁为首，主要用于建筑、构筑物、机械构件等；后者指其他性能突出者，尤指蜚声科技界的特殊功能材料，如超导、半导体、稀土、滤膜、光纤、功能陶瓷、碳纤维、纳米材料等。全书共计九章，分述金属材料、稀土材料、无机非金属材料、半导体材料、有机高分子材料、复合材料、新能源材料、纳米材料。重点论及的材料有三十余种，仅提到名称的材料近百种。

为进入全盛的“知识经济时代”，我国新材料产业界正在探索中前行。新材料研究如日中天，新的成果不断涌现。本书仅为引玉之砖而已。

本书在写作过程中得到了雷宗友、周敏、胡隆章、胡嘉雄、颜立平的帮助，特此致谢。

CONTENTS | 目录

新材料产业

XIN CAILIAO CHANYE

新材料产业综论

材料——人类文明的基石

什么是材料，这是一个大家似乎明白，但又说不大清的问题。因为大家都会举出几百种材料的名称，但又说不清为什么这些东西被称作材料。

无论你感觉到与否，材料不仅无处不在，而且每时每刻都在为我们服务。因为材料就是为人类制造有用物品的物质。比如我们所穿的衣服、吃饭的用具、居住的房屋、乘坐的交通工具、使用的手机和电脑等，都是各具特色的材料的制成品。形形色色的材料在各个领域大显身手，屡建奇功。

人类为了生存，为了改善生活条件，必须使用材料，发展技术。没有材料来制造工具，人类就不可能改造大自然，社会就不可能发展。历史上每一次重大的材料革命都将人类文明程度向前推进一大步。人类社会的发展离不开材料，材料是人类社会进步的重要推动力量。人们把人类的历史划分为石器时代、青铜器时代和铁器时代等，就是以材料来命名的。比如中国进入铁器时代大约始于两千多年前的春秋战国时期。由铁制作的农具、手工工具及各种兵器得以广泛应用，大大促进了当时社会生产力的发展，铁器时代便成为划分奴隶社会和封建社会两个历史时期的重要标志。

冶铁

可以说，从石器时代、青铜器时代、铁器时代、工业时代到信息时代，人类文明史也就是材料的发展史，材料就是人类文明的里程碑。

信息时代的新材料

如果说青铜器和铁器迎来了农业社会，钢铁促进了工业社会，那么造就信息社会的便是功能材料了。

功能材料

功能材料是指那些具有优良的电、磁、光、热、声、化学、生物医学功能，并能完成功能相互转化，主要用于制造各种功能元器件的新材料。如半导体材料、磁性材料、光电子材料、超导材料、特种功能材料、稀土功能材料、功能膜材料、功能能源材料、功能储氢材料、功能生物医用材料、隐身材料等。这类材料广泛应用于电子、激光、通讯、能源和生物工程等许多高新技术领域。

功能材料的重要性

功能材料是新材料领域的核心，是国民经济、社会发展及国防建设的基础和先导。它涉及信息技术、生物工程技术、能源技术、环保技术、空间技术、海洋工程技术等现代高新技术及其产业。如半导体材料是发展信息产业的基础材料；硅晶体是发展太阳能产业的关键材料；功能膜材料是海水淡化和污水处理的核心材料；锂电池是发展新能源汽车的优质电源材料；超导材料是磁悬浮列车的重要核心材料；而稀土功能材料更是神通广大，它在众多领域中都能起到关键的作用。

功能材料不仅对高新技术的发展起着重要的推动和支撑作用，还对我国相关传统产业的改造和升级，实现跨越式发展起着重要的促进作用。

新型功能材料的发展现状

功能材料种类繁多，用途广泛，正在形成一个规模宏大的高技术产业群，有着十分广阔的市场前景和极为重要的战略意义。在全球新材料研究领域中，功能材料约占85%。功能材料已成为各国新材料研发的热点和重点，也是各国高技术发展中战略竞争的热点。

当前国际功能材料及其应用技术正面临新的突破，诸如超导材料、微电子材料、光子材料、信息材料、能源转换及储能材料、生态环境材料、生物医用材料及材料的分子设计等，这些新型功能材料正处于日新月异的发展中。发展功能材料正在成为一些发达国家强化其经济和军事优势的重要手段。

信息时代的结构材料

在信息时代不仅出现了新型的功能材料，而且传统的结构材料也得到了长足的发展。

结构材料以力学性能为基础，主要用作制造受力构件。它的特点是具有高强度、高刚度、高硬度、耐高温、耐磨、耐蚀、抗辐照等性能，能够广泛用于机械制造、工程建设、交通运输、航空航天和能源等工业部门。

金属结构材料

新一代高性能结构材料发展的主要方向是研制与开发具有高比强度、高比刚度、耐高温、耐磨损、耐腐蚀等性能的结构材料。如以钛合金、铝合金、镁

“水立方”用的是膜结构材料

合金为代表的高强轻型合金，是主要用于航空航天设备的结构材料；而高强度特种钢则是用于轨道交通、海洋工程、核能等高端装备的结构钢。

建筑工程中传统的结构材料是钢筋、水泥和沙石。新型建筑材料品种多样，有建筑泡沫玻璃、泡沫混凝土、建筑节能、保温材料、复合材料等。而最新发展起来的还有膜结构材料。膜结构材料由基布和涂层组成，基布主要采用聚酯纤维和玻璃纤维材料，而涂层材料则常用聚氯乙烯和聚四氟乙烯。建筑膜结构材料自从 1970 年问世以来，已逐渐应用于体育建筑、商场、展览中心、交通服务设施等大跨度建筑中。

未来的材料世界

人类使用材料的历史，自从使用石器的原始旧石器时代开始，摸索了两三百万年，才进入青铜器时代；青铜器时代和铁器时代又经历了近万年，方才进入了钢铁挂帅的工业时代；工业时代才两百多年，就进入了以功能材料为主导的信息时代。信息时代发展至今，材料的发展不仅越来越快，而且材料的品种越来越多。

那么，信息时代之后，代表社会生产力基础的材料世界将是个怎样的局面呢？

有人认为，未来将是纳米时代。当然，由于纳米材料的优异性能，会促使材料世界的革命，但未来的材料世界绝不是纳米材料一枝独秀，而是各种材料百花齐放、争奇斗艳的局面。而使各种材料百花齐放的推动力则是材料设计。

什么是材料设计

当前各项新兴产业蓬勃发展，对材料提出越来越高、越来越多的要求，但人类探索新材料的方式却仍然没有完全改变，大体上还是凭经验反复实验以求找到合用的材料。一般而言，往往要经过多次失败的试探才能取得成功。这在西方被称作“试错法”，中国材料科学界则形象地称之为“炒菜”。

这种“炒菜”方法虽然踏实有效，可实在太费工夫了。特别是20世纪中叶以来，高新技术的发展日新月异，用“炒菜”的方法发明新材料的速度远远跟不上实际需要，于是材料科学家不得不另觅开发新材料的捷径。

20世纪50年代，美国科学家提出以“材料设计”为研究目标。当时的说法是要“根据指定性能的要求定做新材料”。意思就是说：根据某种用途，要求材料具有某种性能，科学家就要通过理论计算，预见到应当靠什么原料，什么配方，什么工艺，一次性成功地制造出合用的材料，而不是用“炒菜”的方法，经过多次失败，在试验中试探。

材料的性能设计

"材料设计"说来容易，实际上要实现却很难。物质都是由原子组成的，原子的种类，原子的排列，原子的相互作用会从根本上决定物质的性能，于是人们寄希望于量子力学和统计力学的理论计算。但若是以单个原子为单位计算的工作量十分巨大，将会出现天文数字。于是科学家们发现通过原子集团的计算是有可能实施材料设计的，尤其是随着超级计算机的出现，使"材料设计"成为可能，但可能与现实之间仍有很大的距离。

材料制备方法的设计

早期人们对材料设计的重点，理解为材料的结构与性能的关系和材料性能的预测。这当然是材料设计极其重要的一个方面，但这还不够，至少同等重要的是要研究制备材料的新方法和高质量、低成本大量生产材料的新技术。也就是说，必须在重视结构-性能关系的同时，大力开展材料制备的科学研究，这就是材料制备方法的设计研究。

人类制造材料的方式可分为 3 种模式：一是最原始的模式，即靠人工控制制造材料；二是计算机优化控制方式；三是材料智能加工方式。这第三种方式在实施时需要用多种传感器探头监测正在制备的材料。目前，这种新的材料制备方式在复合材料制造、半导体单晶拉制等方面都取得了很好的效果。这是材料设计的一个新进展。

自从 20 世纪中叶材料科学家提出材料设计这一目标以来，已经半个多世纪过去了。总体来看，现在离所有材料都能一次"设计"成功的目标还相当遥远。但是随着大量有成效的研究成果的积累，人类探索新材料的方式正在经历一个渐变的过程。

材料设计将促进新兴产业大发展

材料是社会生产力的基础，其中有两层含义。其一，是某些新材料的问世推动了时代的跃进，如青铜、铁、钢铁、半导体等。但另一方面，当各项新兴产业大发展，对材料的性能要求越来越高时，当新材料跟不上新产业的发展

现代交通工具

时，材料又会成为新兴产业发展的“瓶颈”。如航空航天产业的发展，需要更轻和强度更高的新型航空材料；高端装备制造业的发展，需要性能更优异的结构材料；光伏产业的发展，需要晶体硅的质量提高和成本降低；海水淡化产业有待于水处理膜的产业化大发展；新能源汽车的推广则需锂电池的过关；而欲使“太空电梯”之类的“科学幻想”成为现实，就须等待碳纳米管性能的提高……

一旦材料的性能设计和工艺设计得以成功，新材料的发展便能满足各项新兴产业的需要。那时，材料将不再是“瓶颈”，而是推动新兴产业大发展的促进力量了。

“十二五规划”中重点发展的新材料

《国家战略性新兴产业发展规划》指出，“十二五”期间，我国将实施新材料重大工程项目，对高强轻型合金材料、高性能钢铁材料、功能膜材料、新型动力电池材料、碳纤维复合材料、稀土功能材料进行重点支持。

高强轻型合金材料

高强轻型合金材料是《新材料产业“十二五”发展规划》中重点发展的新材料之一。高强轻型合金主要是钛合金、镁合金和铝合金等，这些高强轻型合金材料对航空工业的发展至关重要。

高性能钢铁材料

高性能钢材使钢铁材料旧貌换新颜。高端装备制造业的发展将是特种钢铁需求提升的主要推动力。

《钢铁工业“十二五”发展规划》指明了特种钢铁的重点方向是：高速铁路、城市轨道交通、海洋工程和海上石油开采、大型和特殊性能船舶和舰艇、节能环保汽车、超高压电网等高端装备制造领域。大飞机、高铁、海工、能源等高端装备制造领域“十二五”投资规模有望达到 10 万亿元，所以对特种钢的需求量巨大。

功能膜材料

功能膜材料被列入新材料“十二五”重点扶持专项工程。其中，水处理膜、太阳能电池膜、平板显示薄膜、半导体及微电子用薄膜等领域，将是功能膜材料发展的重点。

海水淡化是解决淡水资源紧缺的有效途径，多种淡化法中，膜分离法前途看好，因而发展海水淡化产业时，水处理膜是关键的功能材料；消除环境污染，必须进行污水处理，而污水处理技术中，水处理膜同样是关键的功能材料。

新能源产业中太阳能产业是重中之重。这里，太阳能电池膜就是重要的材料。

新型动力电池材料

发展纯电动汽车是发达国家追求的目标，我国也把新能源电动汽车列为战略性新兴产业之一，而发展电动汽车的关键是合适的大容量可移动电源。新型动力电池的研发显得特别重要，近 5 年来，锂动力电池技术日臻成熟，按照其所选用的正极材料来划分，主要有锰酸锂、三元材料和磷酸铁锂等，这 3 种材料已被用于新能源汽车动力电池中。

捷豹- C - X75 电动概念车

碳纤维复合材料

值得注意的是，碳纤维作为战略性新兴产业中的一种重要产品，正受到越来越多人的关注。碳纤维是含碳量高于 90%的无机高分子纤维，正是由于它的高强度，使复合材料得到突破性的发展。

稀土功能材料

稀土被誉为21世纪新材料的“宠儿”，由于它特异的光、电、磁和催化性能，使其已在国民经济和现代科学领域中得到广泛的应用。新材料产业“十二五规划”中明确提出，未来5年将大力发展稀土永磁、催化、储氢等高性能稀土功能材料和稀土资源高效率综合利用技术。目前看来，在四大应用领域中，稀土永磁是规模和潜力最大的部分。

规划除了提出对6类新材料进行重点支持外，还对新材料产业的发展提出了具体的要求，那就是到2015年，突破一批国家建设亟须且引领未来发展的关键性技术，关键新材料的自给率提高到70%。测算显示，我国新材料产业年均增速高达22.5%。

我国新材料的产量很大，但是由于技术水平相对较为落后，作为材料大国的我国，还不能称为材料强国。我国经济步入转型升级的关键阶段，国家提出要发展战略性新兴产业。如果新材料能够广泛应用于其他行业，发展得好，就能够推动其他产业的升级；发展得不好，就会制约其他产业的发展，因此，推动新材料产业的发展至关重要。

（周戟　雷宗友）

材料的性能

人们使用材料，归根到底是在使用材料的性能。由于使用材料的场合和条件等各不相同，对材料性能的要求就千差万别。由于材料的品种繁多，这里只能从材料使用的角度来探讨材料的性能。

根据当前对材料的使用情况，可把材料分成结构材料和功能材料两大类。结构材料主要使用的是材料的力学性能，而功能材料则主要使用材料的电、磁、光、热等物理性能。

结构材料的性能

结构材料的性能主要考虑的是其力学性能。力学性能是指材料抗拒外力的能力，包括强度、弹性、硬度、抗冲压性能（韧性）和塑性等。

强度和比强度

强度是材料抵抗外力的一个最主要的指标，是指材料不易被破坏的能力。根据外力的方向不同，还可分成抗拉强度、抗压强度、抗剪切强度等。

比强度是指材料的强度与材料单位质量（密度）之比。在现代高技术应用中，往往要求选用既坚固又轻巧的材料，这就需要考虑材料的密度。如钢的强度比铝大，但由于铝的密度小，因此铝的比强度就比钢大，所以铝比钢更适合用于制造要求轻巧的航空材料。

弹性模量

弹性模量是指材料受力后抵抗变形的能力。材料受外力后变形越大，说明它的弹性模量越低。例如柔软的橡胶材料就是典型的低弹性模量材料。对于钢铁材料而言，加力后却很难使之变形，说明钢铁的弹性模量比橡胶要高得多。

硬度和耐磨性

硬度是指材料抵抗外物侵入的能力。结构材料中，尤其在机械制造产业中，有不少零件如齿轮、轴、轴承、活塞等在相对运动中都要求有耐磨性。材

齿轮

料的硬度高时，其耐磨性能也相应提高。

冲击韧性

韧性是指材料抗冲击的能力，冲击韧性差的材料就表现为脆性。一般说来，硬度高和耐磨性好的材料往往冲击韧性就差。如陶瓷材料的硬度和耐磨性很好，但用陶瓷来制造齿轮和轴承等零件，由于它的脆性就不能承受冲击，工作中就会造成碎裂；反之韧性好的材料往往耐磨性就不足。

但在材料的使用过程中，往往要求材料既要有韧性，又要耐磨。要解决这个矛盾，生产实际中可用表面处理的方法，如表面热处理或表面喷涂等技术，这样可在保持材料内部韧性的基础上，强化零件表面的耐磨性。

塑性

材料的塑性是指材料在不被破坏的前提下能够变形的能力。如金属材料在室温时的塑性较差，而当温度升高时，其塑性便大为增强，这样，金属材料便可在加热后进行锻造加工。

结构材料除了要有力学性能外，根据不同的使用情况，还需要有耐高温、耐低温、耐氧化、耐腐蚀性等物理和化学性能。

变电站中的玻璃陶瓷

功能材料的性能

功能材料的性能要求比结构材料复杂得多，而且各种不同的功能材料都有其特殊的需求。如半导体材料需要有单向导电性，超导材料需要有低温电阻为零的超导性，磁性材料需要有高的磁导率，光电子材料要求有较高的光电转换率，光导材料要求有很强的输送光波的能力，储氢材料需要有足够的吸附氢气的能力等。

关于功能材料性能的详细内容，将在以下有关功能材料的章节中加以展开。

新材料产业
XIN CAILIAO CHANYE

长盛不衰的金属材料

金属王国的风采

金属材料包括黑色金属（钢铁材料）和有色金属。由于金属材料具有一系列优异的性能，因此千百年来，金属材料一直都是材料王国中的“领军人物”。

金属材料的优异性能

金属材料在工程中一直是最重要的材料，之所以如此，是因为金属材料具有一些优异的性能。

综合的力学性能

金属材料的力学性能之优于高分子材料和陶瓷材料等其他材料之处，在于它的综合力学性能。金属材料在具有高强度的同时，具有优良的塑性和韧性。因此，把它作为工程材料使用最为可靠和安全。

耐热性和耐寒性

金属材料用于高温时有耐热钢；用于低温时有低温钢和超导合金，这些性能使它有广泛的用途。

出色的工艺性能

金属材料的加工可以用铸造、锻造、焊接等热加工方法制得毛坯，它还有良好的可切削性能，以及可以通过热处理方法或表面处理来调整和改善其性能。

导电、导热、铁磁性

金属的这些性能在电力工业和信息工业中有着不可替代的作用。

钢铁材料的广泛应用

所有的金属材料可分为钢铁和有色金属两大类。钢铁产量占金属材料总量约 94%，因此钢铁是金属材料中的主力军，是国家工业化的基础。

在自然界存在的金属，绝大多数在地壳中以化合物的形式存在。铁元素

炼钢厂里的成品

在地球的外壳中，蕴藏量仅次于铝，约占5%。铁元素在地壳中的分布相对集中，这就为采掘和提炼带来了方便。通常铁矿石中铁的含量约25%，富铁矿中铁的含量不低于60%。铁的冶炼是一个氧化还原反应，在高炉进行，以焦炭为还原剂。相对于冶炼其他金属，铁的冶炼最简单，也是规模最大，成本最低的。炉容5 000米^{3}的高炉，日产生铁可达1.2万吨。

钢铁材料具有良好的力学和物理性能，比如较好的坚硬性和延展性，是热和电的良好导体。钢铁材料可以通过各种热处理来调整机械性能；冶炼过程中还可加入各种合金元素，来改变钢铁材料的性能。由于钢铁材料具有以上优点，使得它在人类社会中被广泛使用，钢铁工业在整个国民经济的发展过程中，起到了举足轻重的作用。

金属材料面临的挑战

从20世纪中叶开始，金属材料面临着外部和内部的挑战。从外部看，高分子材料迅速崛起，尤其是工程塑料，从性能到应用，许多方面已能与传统的金属材料相媲美，加上其原料丰富，价格便宜，自身重量轻，故产量以惊人的速度增长。1994年，全世界塑料的产量从体积来计算，已与钢铁相当。事实上，材料领域已不知不觉地从金属材料一统天下转变成金属、陶瓷、高分子三足鼎立的新格局。

从内部看，主要是能源、资源和环境三方面的压力。金属材料经过近百年的大力发展，高品位的金属矿产很快减少，而低品位的矿物使冶炼时的能源消耗和成本增加。金属工业是能源最重要的消耗者，也是严重的环境污染者，这些问题都对金属材料今后的发展提出了挑战。

金属材料的发展方向

金属材料的研制和生产是不断发展的。金属材料有以下三大发展方向。

提高制造技术

近三四十年来，金属材料的制造技术有非常大的进步。先进的冶炼技术、炉外精炼技术、先进铸造技术、连铸连轧技术、各种热处理技术、表面处理技术和粉末冶金技术等日新月异。与此相关的微量杂质的控制技术和微量元素的合金化技术等在近代金属材料的发展中占有突出的地位。这些新技术的应用和推广，大为提高了金属材料的性能，降低了成本，大大提高了金属工业的劳动生产率。

发展高性能钢铁材料和各种高强轻型合金

发展高性能钢铁材料是我国《新材料“十二五”规划》的重点之一。尤其是低合金高强度钢，在结构钢应用中是量大面广的钢材，低成本，高性能，也就是性价比较高的钢材。

在有色金属方面，规划指出要重点发展钛合金、铝合金和镁合金等高强轻型合金。

废弃金属材料的回收利用

针对金属矿藏资源的快速消耗，提倡大力发展废弃金属的回收利用。所谓“消耗”金属材料，不过是这些金属材料被“用过了”。根据“物质不灭定律”，这些金属材料并没有消失，只是需要回收。随着金属回收技术的提高，金属材料的回收率将可以达到90%以上。

高性能钢铁材料

我国钢铁产业的宿疾

1958 年，我国的钢产量少得可怜，不过 1 070 万吨，给我国的建设事业带来很大的困扰。于是，我国决心大力发展钢铁事业。

经过多年的发展，现在我国已成为钢铁大国。“十一五”期间，发展更快。2010 年全国粗钢产量已超过 6 亿吨，2011 年则突破 7 亿吨。不过，在粗钢产量连创新高的时候，困扰我国钢铁业多年的宿疾却总是挥之不去，使我国的钢铁工业难以适应新形势的要求。

宿疾是什么？宿疾就是附加值低，毛利率低，能耗高，资源消耗量大，环境污染严重。

为了治愈这些宿疾，人们期盼高性能钢铁的帮助。

高性能钢铁材料有哪些品种

材料产业是各项产业的基础，是为其他产业服务的，高性能钢铁材料也不例外。高性能钢铁材料主要服务于各项高新技术产业，它们是高速铁路，城市轨道交通，海洋工程和海上石油开采，大型和特殊性能船舶和舰艇，节能环保汽车，特高压电网等高端装备制造领域。

大型船舶

高性能钢铁材料主要指的是一些关键的钢材品种，既包括使用“量大面广”的品种，如高性能螺纹钢；也包括部分高质量和高附加值的钢材品种，如汽车用板、齿轮钢、高速列车用钢轨、车轴、高压锅炉板、海洋平台用钢、石油开采用钢、输送用钢等；还包括大量的特殊钢。

发展高性能钢铁材料的意义

有利于钢铁工业的结构调整

发展高性能钢铁材料，将淘汰落后的钢铁生产工艺。钢铁工业将从注重规模扩张向注重品种质量效益转变，使企业的核心竞争力得以提高。

有利于下游产业转型升级

高性能钢铁材料的发展，可进一步提高下游产品的轻量化和延长使用寿命，满足部分行业的超高、超重、超深、耐蚀等极限工作环境的需求。

有利于减少钢铁材料的消耗

应用高性能钢铁材料可以减少建筑行业12%以上的用钢量，减少汽车、船舶、家电等行业10%以上的用钢量。

有利于企业“走出去”

发展高性能钢铁材料将提高钢铁企业的国际市场竞争力，有利于钢铁企业联手下游企业在境外建立钢铁生产企业、钢材加工中心和资源保障基地，共同“走出去”占领国际市场。

高性能钢铁材料的应用

我国发展高性能钢铁材料的主要途径

我国国内生产的普通品种钢材占比较大，高端钢材品种却生产薄弱，因此，部分冷轧、镀锌、硅钢等品种还要依赖进口。但总体来看，高性能钢已经是行业长期发展趋势。经过多年发展，我国主要依靠进口的钢材品种已经越来越少，但具备生产高性能钢铁能力的企业仍然集中在少数大型钢铁集团。

如何解决高性能钢产量上不去，供需矛盾突出的问题，使高性能钢材产品得到实际应用，专家们开了一剂处方，那就是建立产业联动机制，促进生产和需求端的相互影响。

为什么要建立产业联动机制？

这是因为发展高性能钢的制约环节较多，推进难度较大，单靠企业和行业协会难以有效协调各方关系和利益，有必要依靠政府力量加以协调推动，建立跨行业的合作推进机制。钢铁工业要与汽车、造船、发电、机械等行业成立推进协调小组，从技术开发、产品生产应用到使用标准的修订，都要采取产业间的联动和战略合作的方式推进。

目前，工信部正积极推进汽车、家电、石油、铁路等领域与高性能钢铁生产企业的合作机制，促进钢铁工业和重点用钢行业产品升级换代和结构调整，实现产业链整体技术进步。

事实上，仅从生产端来看，近年来我国钢铁产品结构优化已经取得了一定的进步。工信部数据显示，我国钢铁业的自给率已从 2001 年的 84.3%提高到了 2010 年的 97%，并开发出一批高强建筑用钢板、高性能管线钢、大型水电站用钢、高磁感取向硅钢、高速铁路用钢轨、高强度汽车板、航天器用合金材料、抗震建筑用高强螺纹钢筋等高性能钢铁材料。

由于自给率提高，目前我国大部分钢材品种已经能够实现自主生产。从产品质量上看，目前只有小部分国内生产的品种与进口产品在质量和性能上有差距，其余已经可以基本自主解决。但当前面临的问题是，高性能钢铁材料的使用比例较低。推广高性能钢需要生产端和用户端的双向合作，如果能实现产业联动，我国高性能钢铁必将得到快速发展。

（周戟　雷宗友）

战略金属钛合金

钛合金的特性

在北京天安门广场西侧，在一汪碧绿的湖水中，有一座呈半椭球形状，由大约 18 000 块钛金属板拼接而成的建筑物，吸人眼球。这就是名闻遐迩的中国国家大剧院。

中国国家大剧院

为什么选用金属钛？

因为这些钛金属板经过特殊氧化处理，其表面金属光泽极具质感，熠熠生辉，而且经久不变颜色。远远望去，这座“湖中明珠”放射出绚丽的光芒。

由于钛制品有美丽的光泽，又具有坚韧、耐腐蚀、不变色、不过敏的特点，所以钛是除金银以外最适合做首饰的材料，是国际流行的首饰用材。用钛合金制成的首饰，叫作“钛金”。

钛及其合金有许多特殊的性质，密度小，强度高，高温低温时性能都很优异，因此首先被广泛应用于航空航天等行业，成为军事工业不可或缺的结构材料。由于钛及其合金在很多化学介质中具有优异的耐腐蚀性能及其他综合性能，又被石油、化工、医药、体育等民用行业广泛接受。因此，在很短的时间内，钛跃居金属材料使用的第三位，身价骤增。

钛虽然常被称为“稀有金属”，但钛资源并不稀有。钛在地壳中的含量在结构金属元素中排行第四，仅次于铝、铁、镁。钛的“稀有”仅意味着它被发现得晚(1795 年)，登上工业舞台的时间也晚(1948 年)。钛的冶炼成本高，钛材价格较贵，应用开发不足，所以大众对钛还不太了解。

随着冶炼技术的提高和成本的降低，目前世界钛金属的产量已与镍等常用有色金属相当，我国统计部门已将钛列入常用有色金属之列，即钛已由“稀有金属”过渡到“常用有色金属”。

钛合金的应用

银白色的钛是当代最具技术魅力的金属材料。由于钛兼有钢、不锈钢及铝材的许多优点，因此，钛被视为优质结构材料、新型功能材料和重要的生物医用材料。

航空航天中的骄子

钛材的强度与钢材相当，但其重量仅为钢材的 57%，而且钛材的耐热性很强，在 500℃时仍能保持良好的强度和稳定性。而铝在 150℃，不锈钢在 310℃时，就会失去原有的机械性能。当飞机、导弹、火箭高速飞行时，其发动机和机体表面温度都相当高，铝合金已不能胜任，只能用钛材取代。故钛材在航空工业中主要用于制造飞机的发动机和机身。

美国肯尼迪航天中心展示的“土星”号运载火箭

钛材还具有良好的耐低温性，即使在－250℃的超低温下，仍具较高的冲击强度(不会发脆)，因此，钛材在火箭、导弹和宇宙飞船上，不仅用于制造发动机外壳和结构部件，还用于制造高压容器，如高压气瓶、低温液态燃料箱等。

化学工业中崭露头角

化工和石化工业中大量的压力容器、贮槽、塔器、管道等在工作时，不仅要承受一定的载荷，而且会受到许多介质的强烈腐蚀。而钛材的机械性能与不锈钢相近，但其耐蚀性能则更为优异。为此，在重要的化工设备中，钛材逐渐以各种形式得到应用，如衬钛、钛钢复合，以至于全部用钛。

医药行业中的新秀

医疗器械、手术器械是近年来发展较快的领域之一，由于钛材用作医疗器械具有特殊的优越性，因而得到外科医生的普遍欢迎。由于钛与人体接触无致敏、致癌、致畸变现象，可与骨组织、上皮、结缔组织很好地结合，因而是生物相容性最好的金属材料，被誉为“最能亲和人的金属”。医学钛金属是现代医学中植入人体运用最为广泛的金属，约占 80%以上。

化工材料

钛的氧化物——二氧化钛（钛白），无毒，具有良好的物理化学稳定性（1 000℃煅烧后不溶于任何酸和碱），以及很强的白度、着色力、遮盖力、抗粉化等特征，被称为“颜料之王”。

战略金属

由于钛在海、陆、空及人体各领域都能应用，故被称为“太空金属”“海洋金属”“全能金属”。由于钛材同国家的大飞机、探月工程、核电等重大高科技工程紧密地联系在一起，对国防安全及国民经济具有重要意义，因此，钛又被称为“战略金属”。

总之，钛是很有希望的金属材料，在航空、航天、舰船、军工、冶金、化工、机械、电力、海水淡化、交通运输、轻工、环境保护、医疗器械等领域，都有广泛的应用，并创造了巨大的经济效益和社会效益，在国民经济发展中有着重要的地位和作用。

钛材料产业的现状

世界钛工业仅有 70 多年的历史。目前，世界钛工业主要集中在少数发达国家和地区。美国是世界钛工业的发源地和钛工业最发达的国家。现在具有完整钛工业体系的只有中、美、俄、日等国。

2008 年，全世界年产海绵钛约 12.3 万吨，钛材约 9 万吨，达到历史最高位。目前，美国是世界钛材生产的第一大国，钛材年产量近 4 万吨。中国是世界海绵钛（钛材的原材料）生产的第一大国，年产海绵钛约 5 万吨。

中国的钛工业始于 1954 年。迈入 21 世纪以来，中国的钛工业蓬勃发展，由原来的少数几个或几十个企业竟快速发展到近千家企业。钛产业从北国到南疆，从东海之滨到西部腹地，星罗棋布，产业格局发生了很大的变化。当前中国的钛产业，既有竞相发展，体现钛产业兴旺发达的可喜一面，又有产业比较分散，产业集中度比较低等需要调控的一面。

钛合金为什么价格较贵

以上说过，钛作为结构金属，在地壳中的含量并不稀少，实际上钛不是"稀有金属"，而且钛有一系列优异的性能。那么为什么到目前为止，钛只应用于高端装备的关键零部件，而没能像钢材和铝材那样成为量大面广的结构材料呢？

所谓"产业"是指生产产品的行业，而其生产的产品不仅要求质优，而且要价廉。也就是说，作为产业不仅要考虑其社会价值，还要考虑到产品的经济价值。而钛材之所以没能成为量大面广的结构材料，正是由于钛材的价格太贵。

钛材的价格到底贵到什么程度？

拿钛材与钢材相比：每千克钛材 100～160 元，而每千克钢材只要 4～5 元。钛材比钢材贵了 25～32 倍。再拿钛材与铝材相比，每千克铝材为 22～28 元，那么按相同重量比较，钛材比铝材贵 4～6 倍。但铝比钛轻，因此若按同样体积相比，则钛材比铝材要贵 7～10 倍。

那么同样是结构金属，为什么钛比钢和铝要贵那么多呢？这是因为钛材的生产过程比冶炼钢和铝要复杂和困难得多。

海绵钛的生产工艺

海绵钛是生产钛材、钛粉、其他钛构件以及钛白粉的原料，海绵钛的生产是钛工业的基础环节，而熔炼海绵钛是钛工业生产的关键。生产海绵钛需要经过以下5个步骤。

钛矿供应

我国钛资源比较丰富，主要以钛铁矿为主。但我国的钛矿90%以上是共生岩矿，二氧化钛含量低，成分复杂，不能满足用较先进的氯化法生产海绵钛。我国目前还要从澳大利亚、加拿大等国进口钛铁矿和高钛渣。

钛矿

高钛渣冶炼

高钛渣是钛矿富集物的俗称。高钛渣既不是废渣，也不是副产品，而是生产四氯化钛和海绵钛产品的优质原料。钛渣是由钛精矿冶炼而成的。用电炉熔炼高钛渣的主要目的是把铁从钛铁矿中分离出去。

生产粗四氯化钛

生产四氯化钛的原理是用氯气与高钛渣中的二氧化钛起化学反应后，生成四氯化钛。第一步制得的四氯化钛是粗四氯化钛。

精四氯化钛的生产

粗四氯化钛中含有众多杂质，根据杂质物理性能和化学性能的不同，先通过蒸馏和精馏除去大部分杂质，然后，气态的四氯化钛进入铜丝蒸馏釜，以铜丝为还原剂，制得精四氯化钛。

制取海绵钛

制取海绵钛现在大都用镁还原法。就是在高温下的氩气气氛中，让四氯化钛与金属镁在密封的不锈钢罐中进行反应，得到海绵状的金属钛和氯化镁。这时需要把氯化镁（还有部分未反应的镁金属）和金属钛分离开来。

钛材的生产

海绵钛只是生产钛材的原材料，不能直接使用。用海绵钛生产钛材，还需要经过钛锭的铸造和钛材的塑性加工。

钛锭的铸造是把海绵钛放入真空电弧炉内熔炼。钛的熔炼与其他工业大批量生产的金属相比，多少有些特殊。由于钛与氧、氮的亲和力强、熔点高，故作为熔炼钛锭的筑炉材料，不能使用耐火材料，而要用水冷铜坩埚，而且要在真空或氩气、氦气等惰性气氛下熔炼。

常用于塑性加工的钛材有纯钛和钛铝合金、钛铝钒合金等。钛材的塑性加工有轧制、挤压、拉拔、旋压、精整和矫直等工艺。由于钛的弹性较好，加工时变形力大，使钛材在加工成形时较为困难。

钛材的生产工艺如此复杂，难怪钛材比钢材和铝材要贵多了。

我国发展钛材料产业的主要任务

目前我国许多省市都把钛产业作为重点发展的高技术产业和战略性新兴产业，投资钛材加工业的积极性很高，为钛材产业开绿灯。所以，做大钛材产业并非难事。

但是，我国海绵钛产业已呈现投资过热的态势，故对海绵钛产业要有保有压。既要支持技术较先进的海绵钛厂，促进其技术升级，提高产品质量和经济效益，做大做强；又要控制海绵钛产业发展的过热态势，如采取设置必要的技术门槛和节能减排门槛；以及促使半流程的海绵钛厂进行全流程的技术改造；对无明显技术特色或属重复建设的大项目，应不予以立项等措施。

钛材产业与海绵钛产业有很大的不同，如果说海绵钛厂的产品比较单一，工厂规模宜大不宜小，那么钛材加工厂则需要大小兼顾，既要有几个万吨级的骨干大企业，也需要一批做专、做精、做强的中小企业，以适应多样化产品开发的需要。

为此，要大力鼓励钛加工的技术创新与产品创新，开发多样化的钛产品，促进钛的应用推广。

（周戟　雷宗友）

航天材料铝合金

建筑物的门窗，是铝做的，厨房里的铝锅、铝饭盒，还有铝钥匙、铝盆等，也都是铝做的。2008年北京奥运会火炬“祥云”是用铝合金制造的。可见，铝很普遍，也很平常。

铝是地壳中分布最广储量最多的金属元素之一，比铁、镁和钛的总和还多。金属纯铝的质量很轻，只有铁的质量的1/3。但纯铝的强度比较低，一碰就扁。因为它软，就可以压成很薄的箔。包糖果和香烟的“银纸”其实大都是铝箔。纯铝的导电性很好，又轻盈，人们常用它代替铜来制造电线，特别在远距离送电时，多用铝线来代替铜线。

当纯铝中加入了铜、镁、锌、锰、硅、稀土等元素后，便形成了铝合金，其强度和多方面性能便得到了大幅度提高。由于铝合金优异的性能，使它在国民经济的主要产业部门中都占有重要的地位，因此，铝合金产业便成为《新材料产业“十二五”发展规划》中重点发展的产业。

铝合金的应用

铝是用量最大的有色金属，仅次于黑色金属的钢铁。铝工业是国民经济与国防建设的支柱产业。铝材具有高比强（与同样重量相比，强度很高）、高比模、高韧性、耐腐蚀、易加工成形的特点，在现代高端装备制造业中有着其他金属不可替代的作用。在航空航天、武器装备、高速列车、轻轨车辆等装备上的用途广，用量大。高性能铝材是经济发展和国防建设不可缺少的战略物资。

铝合金材料是航空工业的主要结构材料

铝合金是飞机和航天器轻量化的首选材料，铝材在航空航天工业中应用十分广泛，大多数巡航导弹的壳体是用铝合金铸锻件制造的。有人做过统计，一架飞机中，有50万个用铝做的铆钉！机身、机翼、机尾、螺旋桨、引擎也离不了铝和铝合金，铝和铝合金占飞机总重的70%左右。

我国已启动大飞机的发展计划，结构材料以铝合金为主。据预测，在未来 10 年，我国对各种座级的单通道飞机总需求约 1 300 架。为了形成我国大客机的特色和竞争优势，必须发展高性能的铝合金材料，包括铝铜系、铝锌镁铜系及铝锂合金等。

铝合金材料是轨道交通的主要用材

铝镁系、铝镁硅系及其他一些铝合金都可用于铁路车辆的建造，特别是一些新的连接件，具有节能、减重和一体化结构等显著优点，因而铝合金材料在轨道交通领域的应用持续增长。目前，我国很多城市正在新建和扩建地铁或轻轨，预计全国城市轨道线路总长达 8 000 千米，轨道列车的需求量预测在 5 000～6 000 辆，其列车箱体大量采用铝合金材料，因此对铝合金型材尤其是大规格高性能铝材的需求量更大。

铝合金材料将成为汽车轻量化的首选材料

目前世界汽车工业面临着能源和环保等严峻挑战，汽车轻量化，节能减排是发展的趋势。近些年来，铝合金在汽车上的用量不断增大，用作发动机、热交换器、涡轮增压器、变速箱壳体、减震器、车架横梁、车轮及车身等部件。铝合金的应用可起到很好的减重效果，如果用铝合金冲制轿车车身，汽车重量可降低约 10%。目前我国的轿车产量每年超过 500 万辆，如果一辆汽车的用铝量为 40 千克，每年将消耗铝合金达 20 万吨，具有相当广阔的市场前景。

铝合金材料是空天工程、核电工程及武器装备的重要结构材料

我国将陆续实施“嫦娥工程”、“神舟”系列飞船、宇宙空间站、核电工程等重大战略工程，发展新型战机、新型导弹、舰艇、核潜艇、航空母舰和轻型战车等武器装备。这些重大战略工程和武器装备需要大量的高性能铝合金材料及其整体构件。

铝材在建筑上的应用

据统计，建筑业的铝材用量超过世界铝总消费量的 20%以上。目前在许多国家，建筑业是铝材三大用户（容器包装业、建筑业、交通运输业）之一。

建筑用铝材主要用于建筑物构架、屋面和墙面的围护结构、骨架、门窗、吊顶、饰面及遮阳等方面。保存粮食的仓库、各种液态气态燃料的大罐、蓄水

池的内壁及输送管道，公路、人行桥和铁路桥梁的跨式结构、护栏等也都需要用铝材。

在建筑上采用铝合金结构件，主要可以减轻建筑结构的重量，提高结构的使用寿命，扩大活动结构的使用范围，改善房屋的利用条件等。因此，国内外建筑师越来越广泛地采用铝合金作为建筑结构材料，特别是在大型会议室、展览中心、体育场馆、飞机场、各种车站等大型现代建筑中被广泛用作穹顶、桁架、立柱、大梁、支臂、肋条等受力结构。

我国铝合金产业的发展

几十年来，我国在铝合金材料的研究和开发方面取得了巨大的进展，在硬铝合金材料生产方面已有了丰富的生产技术与工艺积累。在装备方面，国内的主要铝加工企业，如中国铝业股份有限公司西南铝业集团、东北轻合金有限公司、西北铝加工分公司等建成了比较完整的铝合金加工工业体系，研发了具有自主知识产权的技术和装备；通过国外引进并结合国内制造，建设了生产高性能大规格铝材所需的熔铸、轧制/挤压/锻造、热处理和预拉伸等大型工艺装备，已形成批量生产的加工装备条件。

尽管我国铝合金材料的研究、生产及应用取得了很大的进展，但是，与国际先进水平相比，仍存在很大差距。我国硬铝合金的品种规格、合金系列、热处理状态、材料性能等远不能满足国家重大工程的需求，尤其是极端环境条件下要求的抗高过载、耐高温、耐热疲劳、抗辐射、抗原子氧侵蚀及碎片冲击的高端铝合金材料缺乏，这些高端铝合金材料大部分依靠进口，受制于人。近年来，国家大飞机等重大工程对高性能铝合金材料需求迫切，急需发展第三代、第四代及第五代铝合金材料。

我国发展铝合金产业的主要任务

近 10 年来，我国铝工业产量以年均约 20%的速度增长，原铝产量与消费量从 2006 年起就已居世界第一。铝材产量突破 1 700 万吨，占全国有色金属总量的 50%以上。板带与挤压产品的比例增大，产品结构对满足重大工程需求的能力有很大提高。尽管我国铝合金材料产业取得了很大的发展，铝材产量世界第一，但我国仍不是铝工业强国。面对国内的重大需求和国际上的激烈竞争，我国的铝合金材料产业仍面临着严峻的挑战。其发展的主要任务和需解决的问题主要体现在以下两个方面。

研发超级铝合金材料

《国家中长期科技发展规划纲要》提出的新材料技术任务之一是开发超级结构材料。超级结构材料是支撑我国新结构经济的命脉和系列重大工程的基础。我国正进入以大飞机和高铁为标志的高科技制造时代。从发展大飞机来说，要在今后 10～20 年的民用航空市场保持竞争力；而高铁的发展，作为世界首个时速达 350 千米的高铁网路，正在全国铺设。高科技制造时代要求铝合金具备超级性能，故必须发展系列超级铝合金，以支持我国战略性新兴产业发展目标的实现。

研发大规格、厚截面高性能铝合金材料的制备技术

铝材向大规格、厚截面方向发展，可促使装备构件整体化制造。为了能够攻克大规格、厚截面高性能铝合金材料的制备技术，必须突破熔铸、塑性加工、热处理和制造技术等关键技术的瓶颈。

（周戟　雷宗友）

镁合金产业

镁是自然界分布最广的少数几种元素之一，约占地球质量的 2%，实在多得惊人。然而它喜欢热闹，不容易见到它单独的身影，所以迟迟未能发现。直到 1808 年，人们才成功制取了金属镁。

起初，人们对镁并不怎么看好，只是当人们以镁为基础，加入其他元素组成合金后，才发现它的身价非凡，从而开始青睐它。

镁合金的特性

镁在实用金属中是最轻的金属，且强度高，刚性高。它的密度大约是铝的 2/3，是铁的 1/4。因而镁合金的特点是密度小，比强度高，弹性模量大，散热好，消震性好，承受冲击载荷能力大，耐有机物和碱的腐蚀性能好。主要合金元素有铝、锌、锰、铈、钍以及少量的锆或镉等。目前使用最广的是镁铝合金，其次是镁锰合金和镁锌锆合金，主要用于航空、航天、运输、化工、火箭等工业部门。

镁合金的应用

镁合金是航空器、航天器和火箭导弹制造工业中使用的最轻金属结构材料。德国首先生产并在飞机上使用含铝的镁合金。镁合金具有较高的抗震能力，在受冲击载荷时能吸收较大的能量，还有良好的吸热性能，因而是制造飞机轮毂的理想材料。镁合金在汽油、煤油和润滑油中很稳定，适于制造发动机齿轮机匣、油泵和油管，又因在旋转和往复运动中产生的惯性力较小而被用来制造摇臂、襟翼、舱门和舵面等活动零件。

民用飞机和军用飞机都广泛使用镁合金制品，尤以轰炸机为甚，赫赫有名的美国 B－52 轰炸机的机身部分，就使用了镁合金板材 635 千克，挤压件 90 千克，铸件超过 200 千克。一架超音速飞机，约有 5%的镁合金构件。

镁合金也用于导弹、卫星上的一些部件，如中国“红旗”地空导弹的仪表

B－52 轰炸机

舱、尾舱和发动机支架等都使用了镁合金。

中国稀土资源丰富，已于20世纪70年代研制出加钇镁合金，提高了高温强度，能在300℃下长期使用，已在航空航天工业中推广应用。

由于镁是最轻的结构金属材料之一，又具比强度高和比刚度高、阻尼性和切割性好、易于回收等优点，国内外都将镁合金广泛应用于汽车行业，以减重、节能、降低污染和改善环境。我国一些汽车制造业开始使用镁合金，并建立汽车用镁合金研发与开发应用生产基地。

中国镁工业要取得更大的发展，需要进一步优化产品结构，生产高附加值、高科技含量的镁产品，扩大国内镁产品的应用，增强国际竞争力。

（周戟　雷宗友）

金属玻璃仍是金属

什么是金属玻璃

要了解什么是金属玻璃首先要了解什么是金属，什么是玻璃，以及两者的差别。

金属在冷凝过程中，有确定的凝固温度，也就是说到了某一温度，它就要固结起来。此时，它内部的原子按一定的规律排列，形成晶体。

玻璃也是从液态冷却凝固后得到的固体物质。不过，它从液态到固态是连续变动的，没有明确的分界线，即没有固定的凝固温度。此时，它内部的原子不按一定的规则排列，横七竖八，乱七八糟，所以形成不了晶体。

可见，金属是一种典型的晶体材料，它的许多特性是由其内部晶体结构决定的；而玻璃却是一种非晶体材料，其内部原子呈无序排列。

看到这里，你或许要问，金属玻璃究竟是金属还是玻璃？它的外观呈现出来的样子是像金属，还是像玻璃？

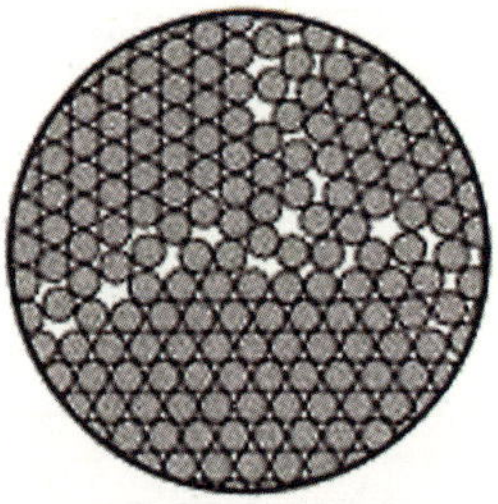

金属的结构

金属玻璃的结构

金属玻璃虽说也叫玻璃，但看上去与玻璃的长相截然不同。它没有普通玻璃的脆性，也不透明。它的外表看上去和普通的金属倒是毫无二致，既可以塑性变形，又有光泽。但是其内部结构呈非晶态，故也称非晶态合金。

金属玻璃的发现

当然，起初谁也不知道会有金属玻璃这种东西，只是一种偶然罢了。

20 世纪 60 年代，美国科学家在做实验时，发现某些液态贵金属合金，在冷却速度非常快的情况下，当金属内部的原子来不及"理顺"位置，仍处于无序状态时，便马上凝固了，成为非晶态金属。这些非晶态金属和平时见惯了的金属有些不同，它具有类似玻璃的某些结构特征，于是就叫它"金属玻璃"。

一开始，人们对这种金属玻璃不太了解，而且大都是很薄的带状材料，应用受到限制，所以引不起人们的注意。到了 20 世纪 80 年代，人们对它的研究多了，才发现它有许多独特且宝贵的性能，于是，它在实际应用中才初露锋芒。

但由于生产金属玻璃需要对液体金属以极快的速度冷却，技术上往往难以达到。故到目前为止，金属玻璃的实际应用，主要仅用于生产非晶态变压器。

金属玻璃的用途

电力变压器自 1881 年发明至今已有 100 多年了。在大多数的情况下，电压等级自发电站到用户，至少要经过 5 级变压器方可输送到低压用电设备(380 伏/220 伏)。虽然变压器本身效率很高，但因其数量多、容量大，因此总损耗仍是很大的。据估计，我国变压器的总损耗占系统发电量的 10%左右。如损耗每降低 1%，每年便可节电上百亿千瓦·时，因此降低变压器的损耗是势在必行的节能措施。

用金属玻璃做变压器的铁芯便能达成降低输电损耗的目的，而且降低的幅度还不小！用金属玻璃为铁芯的变压器称为非晶态变压器。为什么用金属玻璃做变压器的铁芯能降低损耗呢？

现在使用的大多数变压器都是采用硅钢片做铁芯，由于它在电流交变中会产生涡流和磁滞损失，一部分电力就白白地浪费在硅钢片发热上，称为"铁损"。欲减少铁损，必须改变变压器的铁芯材料。科学家们发现，用金属玻璃来做变压器的铁芯，变压器的这部分损失特别小，只有普通硅钢片的 20%～

电力变压器

25%,因此可大大节约能源。

有人估算,如果把我国现在的变压器、电动机所用的硅钢铁芯全部换成金属玻璃材料,每年可节电几百亿千瓦·时,实现经济效益两三百亿元。这意味着每年可以减少石化燃料消耗 1 900 万吨,减少二氧化碳等废气排放 4 500 亿米^3。

当前金属玻璃用于制造变压器铁芯,已在实践中应用,且已形成产业。另一方面,由于它具有一系列优异的性能,使它还有许多潜在的用途。

金属玻璃特殊的微结构,使得它有着许多优良的力学、化学和物理性能,这是多数普通晶态材料无法比拟的。因此,它在机械、通信、航空航天、汽车工业、化学工业中将有广泛的用途,在运动器材甚至军事工业上也能大显身手。

由于金属玻璃的低摩擦、高强度和不易磨损的特性,它将能在未来的宇宙空间探索中发挥重要的作用。

在电子信息领域,金属玻璃也将跃入主角行列。这是因为随着纳米技术的迅猛发展,金属玻璃将是不可或缺的微型组装材料。金属玻璃材料的应用,在电子、微电子和集成电路等领域的前景看好,如计算机、网络、通信和工业自动化等。

在医学与生物学方面，金属玻璃也将大有用武之地。这是因为金属玻璃具有良好的生物相容性和无过敏反应，很适合制作外科手术刀、人造骨头、体内生物传感材料和人造牙齿等。

金属玻璃的生产工艺

金属玻璃材料的化学成分主要由铁、硼、硅、钴以及少量稀土元素等组成。用于制造非晶态变压器铁芯合金的化学成分是含 80%的铁，而其他成分主要是硼和硅。

制备金属玻璃采用的是一种快速凝固的工艺。将处于熔融状态的高温钢水喷射到高速旋转的冷却辊上。钢水以极快的速度冷却，仅用千分之一秒的时间，就能将 1 400℃的钢水降至 200℃以下，形成金属玻璃。非晶态变压器的铁芯就是这样制造出来的。可见，生产金属玻璃的技术关键之一，就是如何使金属快速冷却的问题。

由于制造金属玻璃需要急冷技术，所以至今金属玻璃的产品还不能大型化，这不能不说是一件憾事。最近，日本有关单位开发出了不依赖超冷却技术制造金属玻璃的新工艺，引起人们的注意。

该工艺利用的是电磁振动的方法，即对凝固过程中的合金同时施加交流电场和直流电场。他们对镁合金和铁合金进行了试验，取得了成功。该工艺不但可生产粉末、细丝、箔带等小型材料，也可生产棒状等较大型的材料。这就有望扩大金属玻璃的产品应用范围。2011 年以来，我国科学家在金属玻璃的制备和机制研究上取得了一系列重大进展，并成功制备出用于卫星太阳能电池的金属玻璃材料。

金属玻璃产业的现状和发展方向

世界各国都在积极研究开发金属玻璃材料。多年前，美国人用这种材料制作了 15 千伏安的干式变压器。试验成功后，立即制造了几万台非晶态变压器，到各地进行试用。结果证明不仅能够节约能源，而且在不影响性能的条件下，可大大降低变压器的重量。比如，用铁基金属玻璃制作 400 赫、

卫星上的太阳能电池

3 000伏安的电源变压器，使变压器的体积减小了17%，重量减轻了46%，无功损失降低了68%～87%，激磁电流降低了80%～86%，并使变压器因无功损失造成的温升降低了50%～60%，能源利用率高达98.5%。用铁基金属玻璃制作8 000赫、500伏安的中频变压器，铁芯由原来的45千克降低到10千克。

近年来，随着我国电网节能降耗工作的推进，以及非晶合金国产化取得突破，非晶态变压器已在大多数省市得到了推广应用。其中以江苏、上海、浙江、福建和山东等省市的应用数量最多，达到了一定的规模。

我国的非晶态变压器产业是从2006年开始急速升温的，从最早的十几家生产厂家，发展到2010年，已有100多家生产非晶态变压器的厂家。其中具备规模的有置信电器、中申电器、特变电工和天威保变等将近20家。

专家估计，未来10年内，非晶态变压器的市场规模约可达1 600亿元，市场规模巨大，前景广阔。

在其他产品中，由于金属玻璃的制造工艺尚未完全成熟，现在还只能生产出小型的产品，因而金属玻璃还不能得到广泛的应用。但由于金属玻璃优越的性能，人们对金属玻璃的应用前景仍然十分看好，并且不遗余力地进行探索，期望早日投入商业性生产。今后随着技术的提高，金属玻璃的生产工艺将不断改进，将能生产出中、大型金属玻璃产品。那么，在民用工业、军用工业、宇航工业中，金属玻璃的应用前景将是十分诱人的。

（周戟　雷宗友）

形状记忆合金

形状记忆合金的发现

1932 年，瑞典人奥兰德在金镉合金中首次观察到“记忆”效应。他发现金镉合金的形状被改变之后，一旦加热到一定的跃变温度时，它又可以魔术般地变回到原来的形状，人们把具有这种特殊功能的合金称为形状记忆合金。记忆合金的开发迄今不过 30 余年，但由于其在各领域的特效应用，正广为世人所瞩目，被誉为“神奇的功能材料”。

1963 年，美国海军军械研究所的比勒在研究工作中发现，在高于室温的某温度范围内，把一种镍-钛合金丝绕成弹簧，然后在冷水中把它拉直或变成正方形、三角形等形状，再放在 40℃ 以上的热水中，该合金丝就会恢复成原来的弹簧形状。后来陆续发现，某些其他合金也有类似的功能。这一类合金被称为形状记忆合金。每种以一定元素按一定重量比组成的形状记忆合金都有一个转变温度，在这一温度以上将该合金加工成一定的形状，然后将其冷却到转变温度以下，人为地改变其形状后再加热到转变温度以上，该合金便会自动地恢复到原先加工成的形状。

以后，科学家在镍-钛合金中添加其他元素，进一步研究开发了钛镍铜、钛镍铁、钛镍铬等新的镍钛系形状记忆合金；除此以外，还有其他种类的形状记忆合金，如铜镍系合金、铜铝系合金、铜锌系合金、铁系合金等。

形状记忆合金在航空航天工业中的应用

1969 年，镍钛合金的“形状记忆效应”首次在工业上应用。人们采用了一种与众不同的管道接头装置。为了将两根需要对接的金属管连接，选用了镍-钛形状记忆合金。操作时，在高于其转变温度的条件下，做成内径比待对接管子外径小一点的短管（作接头用），然后在低于其转变温度下将其内径稍加扩大以便装配。装配后，当温度达到该接头的转变温度时，接头就自动收缩，由于接头短管原先的内径略小于被接管外径，因而能扣紧被接管道，形成牢固紧密的连接。美国在某种喷气式战斗机的油压系统中便使用了这种镍-钛合金接头，从未发生过漏油、脱落或破损事故。

1969 年 7 月 20 日，美国宇航员乘坐“阿波罗”11 号登月舱在月球上首次留下了人类的脚印，并通过一个直径数米的半球形天线传输月球和地球之间的信息。这个庞然大物般的天线是怎么被带到月球上的呢？就是用一种形状记忆合金材料，先在其转变温度以上按预定要求做好，然后降低温度，把它压缩成一个小铁球，使它的体积缩小，以便装进登月舱带上天去。放置于月球后，在阳光照射下，达到该合金的转变温度，天线“记”起了自己的本来面貌，便恢复成一个巨大的半球。

月球天线

形状记忆合金在生物医疗上的应用

记忆合金在临床医疗领域内有着广泛的应用，例如人造骨骼、伤骨固定加压器、牙科正畸器、各类腔内支架、栓塞器、心脏修补器、血栓过滤器、介入导丝和手术缝合线等，记忆合金在现代医疗中正扮演着不可替代的角色。

用于医学领域的钛-镍形状记忆合金，除了利用其形状记忆效应或超弹性外，还应满足化学和生物学等方面的要求。由于钛-镍合金可与生物体形成稳定的钝化膜，因此，也就具有了良好的生物相容性。

牙齿矫形丝

用超弹性钛-镍合金丝替代不锈钢丝做牙齿矫正丝，是最适宜的。通常牙齿矫形用不锈钢钴铬合金丝，但这些材料在矫正前就要加工成弓形，而且结扎固定要求熟练。如果用钛-镍合金作牙齿矫形丝，就可使之在结扎后，在矫形丝恢复“记忆”的过程中才产生矫正作用。这样，不仅操作简单，疗效好，也可减轻患者的不适感。

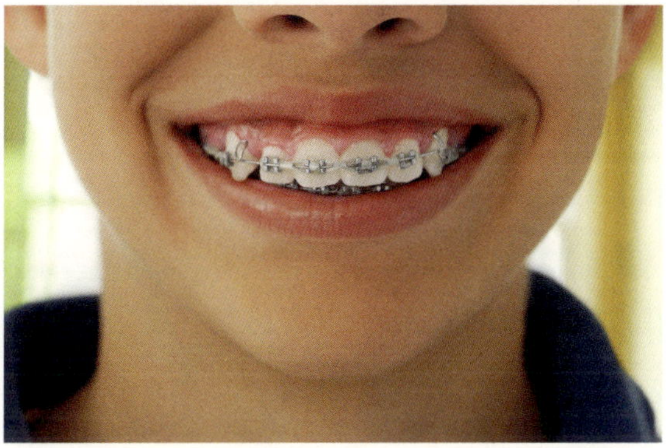

牙齿矫正

脊柱侧弯矫形

各种脊柱侧弯症，不仅使身心受到严重损伤，而且内脏也受到压迫，所以有必要进行外科手术矫形。目前这种手术采用不锈钢制哈伦顿棒矫形。在手术中安放矫形棒时，要求固定后脊柱受到的矫正力保持在30～40千克以下，一旦受力过大，矫形棒就会破坏，结果不仅是脊柱，连神经也有受损伤的危险。同时由于矫形棒安放后矫正力会随时间变化，大约矫正力降到初始时的30%时，就需要再进行手术以调整矫正力。这样给患者在精神和肉体上都造成极大痛苦。采用形状记忆合金制作的哈伦顿棒，只需要把矫形棒进行一次安放固定。如果矫形棒的矫正力有变化，就可以通过体外加热形状记忆合金，把温度升高到比体温约高5℃时，由于在升温的过程中，矫形棒恢复了“记忆”，就能恢复足够的矫正力。

另外，外科中用钛-镍形状记忆合金可以制作骨连接器、血管夹、凝血滤器、血管扩张元件等。同时它还广泛应用于口腔科、骨科、心血管科、胸外科、肝胆科、泌尿科、妇科等。随着形状记忆的发展，医学应用将会更加广泛。

形状记忆合金具有许多优异的性能，因而广泛应用于航空航天、机械电子、生物医疗、桥梁建筑、汽车工业及日常生活等多个领域。

泡沫金属

当我们购买家电时，填充在纸板箱四周的防震、缓冲用的白色轻型塑料，就是泡沫塑料。但我们很少见过泡沫金属。其实泡沫金属的原理和泡沫塑料差不多，就是在金属材料中使之充满了孔隙。泡沫金属虽然在军工和电池行业中已经得到了较为广泛的应用，但在其他行业中的应用才刚刚起步。

泡沫金属是20世纪90年代国际上迅速发展起来的一种新型材料。说是新型材料，还不如说是新的材料生产工艺，因为金属还是原来的金属，只是采用了不同的生产工艺，使金属内部充满了孔隙。

从理论上说，许多金属都可以制成泡沫金属，而实际上现在已投入生产的主要有铝、铜、镍、铬、铁，以及它们的合金等。

泡沫金属的优点

为什么要把金属制成泡沫金属？

泡沫金属最大的优点就在于其密度比未经泡沫化的原有的金属要小得多。对于一块同样重量的金属板，使之泡沫化后，对它的强度影响不大，但由于体积膨胀，厚度增加，其刚度可以增加数倍。可以想象，一块薄铝板极容易变形，而泡沫化后，变成一块厚铝板，就不易变形了。

交通工具，尤其是汽车、飞机，为了节能，使其自重轻量化是主要发展方向，航天器更是如此。为了降低交通工具的自重，已大量选用了铝、钛、镁等轻型合金，要再进一步降低交通工具的自重，发展方向之一就是使这些轻型合金泡沫化。

泡沫金属除了比重小，可使设备自重减轻外，还有许多优异的性能，如吸音、隔音、减震、阻燃、电磁屏蔽、易于过滤等。因此泡沫金属是多用途的结构材料和功能材料。

泡沫金属的用途

泡沫金属的用途很广泛，在汽车工业、航空工业、高速列车、船舶制造、化工、建筑、军工等领域都有用武之地。

泡沫金属

汽车工业

汽车是泡沫金属材料最有希望也是最大的应用领域。目前，轻质，高刚度，同时具有吸能和隔音性能的铝泡沫材料已经在汽车上得到应用。如汽车的顶盖板、底盖板以及滑动顶板等，都是需要高刚度以避免扭曲变形和振动的构件，用泡沫铝材是很合适的。德国制造商在跑车上采用三明治式复合泡沫铝板，取代锻造钢板以制造汽车的横壁板和后板，在零部件自重大幅下降的同时，刚度提高了 700%。

航空工业

在飞机上泡沫金属一般用作轻质的支撑结构，可用于机翼金属外壳的支撑体，还可用于导弹、雷达等军工领域。

建筑工业

泡沫金属在高架路及建筑用隔音设备中已有应用。

化学工业

化学工业中催化剂的效率依赖于催化剂与气体或液体接触的表面积。用泡沫金属作为催化剂的载体，能使接触的表面积大为增加。

泡沫金属的生产工艺

生产泡沫金属有多种方法，较常用的有连续气体吹入法、熔体发泡法和粉末发泡法等。

连续气体吹入法

用连续气体吹入法生产泡沫金属是在金属凝固前吹入气体。用这种方法生产出的泡沫金属其孔隙率(孔隙体积与整体体积之比)可达80%~98%。这种生产工艺价格最便宜,但质量不易控制。

熔体发泡法

这是在熔融金属中加入发泡剂。常用发泡剂为金属氢化物,如氢化钛、氢化钙、氢化锆等。这种方法的技术难点在于选择合适的金属发泡剂。一般要求发泡剂在金属熔点附近能迅速发泡。

粉末发泡法

这是将一种或多种金属粉末与发泡剂混合,预制成半固态的半成品。当加热到金属熔点以上时,发泡剂产生气体,在金属内部生成气泡。这种产品质量比较稳定,性能可靠,可以制备形状复杂的零件,且容易商业化。但目前只能生产小尺寸的泡沫铝制品。

泡沫金属产业的发展瓶颈和展望

总的来说,泡沫金属的工艺还不成熟。由于未能大批量生产,没有形成"规模效应",故生产成本较高。同时,由于生产工艺中对孔隙的大小和体积尚不能精确控制,使产品质量难以保证。

但是"使金属泡沫化"的思路,绝对是个很有价值的创新。一旦生产工艺稳定,并能大批量生产时,泡沫金属将会在汽车工业、航空航天、化工、建筑以及军工等领域发挥出其独特的魅力。

新材料产业
XIN CAILIAO CHANYE

稀土材料——我国富有的战略资源

21 世纪的战略资源

稀土元素

稀土一词是历史遗留下来的名称。稀土元素是从 18 世纪末开始陆续发现，当时人们常把不溶于水的固体氧化物称为土。稀土一般是从氧化物状态中分离出来的，又很稀少，因而得名为稀土。其实，“稀土”不是土，而是典型的金属元素。而且这些元素也并不那么稀少。例如，铈在地壳中的含量与锡近乎相等，而钇、钕、镧都比铅更丰富。其余的稀土元素除钷外都不少于银，而比金丰富得多。

稀土元素包括 15 个镧系元素，以及与镧系元素化学性质近似的钪、钇，共 17 个元素，它们都处于元素周期表中的ⅢB 族。根据原子结构和物理化学性质的相似程度，通常将稀土元素分为两组：镧、铈、镨、钕、钷、钐、铕称为轻稀土；钆、铽、镝、钬、铒、铥、镱、镥、钇称为重稀土。

稀土的特殊性能和用途

稀土的特殊性能在于其奇特的电子排列，镧系元素最外两层的电子壳层相同，而内层的 4f 轨道从铈到镥逐一得到填充。相同的外层电子排列决定了稀土的共性，而 4f 层电子数的不同，稀土元素又各自具有不同的个性。稀土的奇特电子结构是其磁、光、电等物性的基础，使稀土具有种种独特的性能。

稀土是典型的金属，其金属光泽介于铁和银之间。大多数稀土金属呈现铁磁性。由于稀土原子半径大，极易失去外层的两个电子和次外层的一个电子而成为三价离子，因而稀土元素化学性能非常活跃。其活性仅次于碱金属和碱土金属，极易形成稳定的氧化物、硫化物、氮化物和卤化物等。

稀土的特殊性质使其具有极为重要的用途。

稀土金属能脱氧、脱硫，起到净化和调质作用

在冶金过程中，在钢中添加稀土金属的目的之一是控制硫夹杂物的含量

和形状。炼钢时通常要添加锰，锰与硫结合形成硫化物夹杂物，这种夹杂物大多处在晶界上，在轧钢时会变形成条状，使钢的性能下降。而添加混合稀土金属则能产生稀土的硫化物、硫氧化物，它们在轧钢时形状保持不变，这可使钢的性能得到改善。

球墨铸铁井盖

稀土球墨铸铁

稀土金属以稀土硅铁合金或硅镁钛合金的形式加入铁水中促进石墨的球化，从而提高铸铁的强度，产品就是球墨铸铁。

稀土有色金属合金

稀土金属在有色金属合金中也获得了广泛的应用。例如稀土镁合金可用于制造喷气式发动机的传动装置、直升机的变速箱、飞机的着陆轮和座舱罩等。在镁合金中添加稀土金属的优点是可提高其高温抗蠕变性，改善铸造性能和室温的可焊性等。

储氢

在合适的温度和压力下，五镍镧合金能吸收氢分子，冷却该合金时氢就被吸收，加热时就解吸，这就提供了一种安全的储氢方法。

石油裂化催化剂

稀土分子筛裂化催化剂是用于石油裂化工艺中性能优良（催化活性大，产品收率高）的催化剂。这种催化剂多数用稀土氯化物与相应的钠型分子筛发生反应制成。

军用发火合金

稀土金属由于燃点低（如铈为 160℃），已被用于制造打火石及军用发火合金。

稀土永磁材料

稀土金属还能生成金属间化合物，这些金属间化合物有其特定的物理性能，如稀土永磁材料是目前已知的综合性能最好的一种永磁材料。

稀土资源的分布

稀土其实不稀。这组元素在地壳中的含量甚至大于锌、铅、镍、锡等常见金属元素的含量，尚可供人类开采使用 500 年以上，远远超过铁（100 年）、铜（40 年）和锌（30 年）等金属的可供开采年代，在月球表面和海水中也有稀土存在。

稀土在世界上的分布区域较集中，稀土资源的储量相对地集中于中国、美国、印度、澳大利亚、俄罗斯和巴西 6 个国家。自然界中已发现的稀土矿物大约有 169 种，可供工业利用的矿物有 50 余种，而重要的稀土工业矿物有 18 种，其中最重要的为氟碳铈矿和独居石。

独居石

我国稀土资源总储量约占世界已知储量的 2/3 以上，工业储量则占世界总工业储量的 80%左右。我国稀土资源还有品种全、分布广和类型多的特点。邓小平同志在 1992 年南方考察时的讲话中指出："中东有石油，中国有稀土。"依据如此得天独厚的稀土优势，我国稀土工业在短短的 30 年内得到了突飞猛进的发展。中国大量质优价廉的稀土产品进入国际市场，促使了世界范围的稀土第三次大降价，并改变了世界稀土的产销格局。从 1986 年开始，我国成为稀土最大的生产国。与此同时，我国在稀土应用方面也取得了长足的进步。

微量稀土的奇妙作用

稀土金属与其他金属和非金属材料的不同之处，主要在于只要用微量稀土就能大为改善各种材料的性能。为此，稀土便有了“工业味精”、工农业的“维生素”的美誉，成了开发新材料的“宝库”。

工业味精

稀土在钢铁中的作用

20 世纪 70 年代以来，随着钢中添加稀土工艺的突破，稀土在钢铁工业中大量使用，并随之取得了显著的经济效益。在每吨钢中加入 1～5 千克的稀土，钢的热加工性、强度、韧性和耐氧化性都能得到大幅度的提高。

现在稀土已在钢铁工业中大量使用，并实现了工业化生产，目前钢铁工业仍是稀土产品最大的应用领域。稀土的添加几乎涉及所有的钢种。

美国阿拉斯加输油管道

在寒冷地带使用的石油、天然气输送管道所用的钢材，对低温脆性有非常严格的要求，为了制造这种材料，必须强化脱硫，并控制硫化物的形态，添加稀土能有效控制钢材中硫化物的形态。在高强度钢中添加0.025%的铈，即能显著改善其低温脆性，即使在−40℃的严寒地区，也不会出现管道破裂。

在铁路轨道用钢中，只要添加0.01%～0.1%的铈，钢轨的耐磨性、硬度均可提高25%～30%。

稀土对铸铁的性能也有非常显著的改善作用，在球墨铸铁中添加0.01%～0.05%的稀土，其抗拉强度可提高近4倍。

稀土在非铁金属中的作用

稀土元素除了在钢铁中有神奇的作用外，在非铁金属方面也大显神通。在青铜及黄铜中添加少量稀土，能提高材料的强度、加工性能、耐热性和导电性。在电子工业广泛使用的高导无氧铜中添加1%的钇和0.1%的混合稀土，可使其导电率明显提高。

在铝和铝合金中添加稀土同样能提高其性能。用来制造活塞的铝硅合金，添加1%～1.5%的混合稀土后，其高温强度能提高40%左右，并提高了铸造性能，使废品率从68%降至8%，活塞的使用寿命也大为提高。

稀土加入到钨、钼、钽、铌等难熔金属中，能显著改善其"再结晶室温脆性"，进一步扩大了这些难熔金属的应用范围。

稀土成为"工业味精"的机制

为什么微量稀土元素有如此巨大的作用呢？科学家发现，由于稀土性质活跃，与钢铁中的有害杂质——氢、氧、氮和硫的化学亲和力很大，易形成氢化物、氧化物、氮化物和硫化物，起到脱氧、脱硫的效果，成为钢铁的"清道夫"。

稀土还能控制硫化物的形态。硫化物是对钢铁性能危害最大的杂质，它沿钢的晶界分布，在钢热轧变形时，其中的硫化物即沿轧制方向变为条状，从而极大地降低了钢的性能，尤其是横向性能。经稀土处理的钢，夹杂物就成为球状，并均匀分布，从而显著改善钢材的性能。

科学家们还发现，稀土元素具有细化晶粒、微合金化、使铸铁的条状石墨球型化等作用，在钢铁和有色金属中起着变质剂的角色。

微量稀土与农业

稀土在自然界中可谓无处不有，土壤、岩石、水、大气、植物中均含有稀土。20多年来，稀土微肥、稀土饲料等得到了广泛的应用。微量稀土掺入肥料能产生显著的增产效益。使用稀土微肥后，水稻、小麦等粮食作物的增产幅度为6%～12%，花生、大豆等油料作物为5%～15%，一些水果、蔬菜等可达10%～20%。

稀土元素不仅能提高作物产量，还能改善作物品质。据植物生理学家研究认为，稀土主要在促进作物发芽、生根和促进作物叶绿素增长等方面有明显的作用，使作物根深叶茂，干物质增多，从而获得作物产量的增加和品质的改善。

微量稀土与药物

稀土盐类和化合物有较广泛的药理学作用，人们在很多年前就用铈盐治疗海洋性眩晕和妊娠呕吐。目前稀土元素在药物上的应用主要在以下方面。

抗肿瘤作用

利用稀土诊断和治疗癌症最先使用的是其放射性同位素，因为稀土的放射性同位素对肿瘤组织具有较高的亲和性，现已成功地用于治疗前列腺癌和乳腺癌。由于稀土离子可以取代细胞结构中的钙、镁离子，并能在肿瘤中大量积累，破坏了钙、镁离子的交换，导致肿瘤细胞的不可逆损害。

抗动脉硬化作用

通过动物实验证明，氧化镧可预防由膳食引起的主动脉和冠状动脉粥样硬化。科学家认为，镧在高血脂条件下是预防动脉硬化的关键因素，因为它可自动调节动脉中钙离子的动态平衡。

稀土元素还具有抗凝血、抗炎、杀菌作用，它还能镇痛、降血糖，以及治疗烧伤等效能。

稀土永磁材料

稀土永磁材料是指稀土金属和其他金属形成的合金,并用一定的工艺制成的具有永久磁性的材料。

材料的磁性

对于磁性,也许我们并不陌生。早在公元前 4 世纪,我国就有了磁石吸铁的文字记载,到 11 世纪又发明了指南针用于航海。指南针是历史上对磁体的最早应用,也是我国古代四大发明之一。但现代磁性的真正发展始于 19 世纪末,随着人们对物质磁性认识的深入和工艺水平的提高,磁性材料的应用得到迅速的发展。

磁性材料习惯上按矫顽力的高低进行分类。矫顽力是材料承受退磁作用强弱的一种量度。矫顽力小的称为软磁材料,软磁材料是在外磁场中很容易磁化和退磁,去掉外磁场后又容易失去剩磁的一大类磁性材料;矫顽力大的则称为硬磁材料,硬磁材料经过外加磁场磁化后,虽去掉外磁场,仍能保持较高的剩磁,所以又称为永磁材料。

永磁材料性能的优劣主要用最大磁能积、矫顽力、剩磁等指标来表示,指标越高,材料的永磁性能就越好。

稀土永磁材料的应用

由于稀土永磁材料具有独特的磁性能,所以在近代尖端技术、高技术、军用工业、民用工业等领域获得日益广泛的应用,主要应用领域有以下几方面。

磁悬浮列车

2003 年 1 月 4 日,我国首列磁悬浮列车在上海开始商业运行。专线全长 29.8 千米,只需 8 分钟便行驶完全程。设计最高运行速度为 430 千米/时,仅次于飞机的飞行时速。这种列车的车轮与轨道为同磁极,互相排斥,车身依靠磁性斥力而悬浮起来。由于磁悬浮列车与轨道间无摩擦,因而运行速度很快。

这种列车是怎样做到列车与轨道之间磁力相斥的呢？原来，在每节车厢的底部都安装了用稀土永磁做的超导磁体，在列车行进的路面上则埋有许多闭合的铝环。在超导磁体的线圈中通入大电流就会产生很强的磁场。列车开动后，超导磁体相对于铝环运动，在铝环里感应出一股很大的电流，并相应形成极强的磁场。由于磁场的相互作用，便使列车悬浮了起来。

上海的磁悬浮列车

电机工程

电动机和发电机的应用开创了电气化时代，为此，迄今电机仍是面广量大的关键设备。与传统电机相比，稀土永磁无铁芯电机具有高效节能，重量轻，体积小，控制调速性好，可靠性强等优点，可广泛应用于发电、电动汽车、工业电机、家用电机等领域。

稀土永磁无铁芯电机，将作为重点技术纳入我国《"十二五"节能环保产业发展规划》。

稀土永磁风力发电机

目前，我国风力发电设备市场规模近千亿元，稀土永磁风力发电机市场需求巨大。在目前装备的各类风力发电机组中，永磁风力发电机因其效率高、体积小、可靠性高、结构简单等特点，成为风力发电机的首选。使用稀土永磁材料，能使发电机的效率提高到85%以上，同时，采用永磁发电机，还可做到风力机与发电机的直接耦合，省去变速箱，从而提高可靠性，减小系统噪声，降低维护成本。预计到2015年，我国用于风力发电机的钕铁硼永磁材料需6万～15万吨，这将为钕铁硼永磁材料今后的应用开辟极其广阔的空间。

汽车工业

现代一辆装备齐全的汽车所用电机已多达三四十个品种，除启动电机、冷却器风扇电机、空调电机等功率几百瓦的电机外，还有座位调整、玻璃升降、门盖开关等的驱动电机，以及功率小到仅几瓦的反光镜定位、天线升降、遮阳板调节、前灯调节等电机。汽车中各种电机及器件用传统磁体需3～4千克，而用稀土磁体则仅需1千克。由于重量和体积减小，可节省汽油。汽车也成为稀土永磁材料最有前途的应用领域之一。

节能家电

钕铁硼永磁材料也将大量应用于家电领域。目前日本和欧美等国98%

雷达

左右的空调均为应用稀土永磁无铁芯电机的变频空调，但我国现在应用还较少。变频空调具有舒适、节能等特点。稀土永磁电机将被广泛应用于空调机、空气压缩机、风机等家用电器领域。由于我国家电市场巨大，变频家电的发展必将为钕铁硼永磁材料开拓又一个新的应用领域。

微波通信技术

在雷达、卫星通信、遥控遥测、电子跟踪和电子对抗中所用的磁控管、行波管、阴极管等多种零部件都需要使用永久磁铁，以产生一个恒定磁场，才能实现高频或超高频振荡，放大微波信号。采用稀土永磁材料制作这些器件，不仅体积小，重量轻，而且性能更佳。

音响器件

音响器件中的扬声器、话筒、拾音器、助听器、立体声耳机、电话机等都需要用到永磁材料。而用稀土永磁同样能起到减轻重量和体积，并提高性能的作用。

以上只是稀土永磁材料的部分用途，其实稀土永磁的应用实例数不胜数。随着社会的发展，稀土永磁材料必将显现出更加广阔的应用前景。

稀土发光材料

大都市的夜晚，都有绚丽多彩、花样翻新、五光十色的发光体，把都市的夜景点缀得琳琅满目。在这些色彩斑斓的灯光中，是稀土荧光粉在发着它的光芒。

上海外滩夜景

稀土发光材料为什么会发出彩色光芒

稀土发光是由于稀土内层电子在不同能级间跃迁而产生的。因激发的方式不同，稀土发光分为光致发光、电致发光、放射性发光、X射线发光、摩擦发光、化学发光和生物发光等。稀土发光的吸收能力强，转换效率高，可发射从紫外线到红外光的所有光谱，特别在可见光区有很强的发射能力。故稀土发光材料已广泛应用于新光源、显示显像、X射线增光屏等各个领域。

在稀土功能材料的发展中，尤其以稀土发光材料格外引人注目。稀土因其特殊的电子层结构，具有一般元素无法比拟的光谱性质。稀土发光几乎覆盖了整个固体发光的范畴。由于稀土原子具有未充满的内层电子层，因此有丰富的电子能级和长寿命激发态，能级跃迁通道达20余万个，可以产生多种多样的辐射、吸收和发射，构成大量的发光和激光材料。

可以说，发光是稀土化合物光、电、磁三大功能中最突出的功能，受到人们极大的关注。就世界和美国多种稀土应用领域的消费分析结果来看，稀土发光材料的产值和价格均位于前列。我国的稀土应用研究中，发光材料也占了主要地位。稀土是巨大的发光宝库，从中可以发掘出更多新型的发光材料。

稀土发光材料的广泛应用

光源 高压汞灯、黑光灯、固体光源。

显示 数字符号显示、发光二极管(LED)、平板图像显示(OLED)。

显像 彩色电视、飞点扫描、X射线成像。

探测 闪烁晶体。

激光 固体激光材料、玻璃激光材料、化学激光材料、液体激光、气体激光等。

稀土发光材料具有很多优点：发光谱带窄、色纯度高、色彩鲜艳、光吸收能力强、转换效率高、物理和化学性能稳定、耐高温，可承受大功率电子束、高能辐射和强紫外光的作用。目前，稀土发光材料已形成了很大的工业生产和消费市场规模，并正在向其他新兴技术领域扩展。

稀土荧光粉

稀土发光材料俗称稀土荧光粉。目前稀土荧光粉已形成三大主流产品：节能灯用稀土荧光粉、显示器用荧光粉和特种光源用荧光粉。其中，灯用荧光粉和显示器用荧光粉是主要消费领域，占稀土荧光粉中总消费量的90%左右。

20世纪70年代，荷兰菲利浦公司发明了稀土三基色荧光粉和紧凑型稀土节能灯，鉴于稀土荧光灯在光效、光色、显色性、寿命等方面的卓越性能，稀土灯在全球得到快速推广。近年来，稀土节能荧光灯从最初的单一紧凑型，不断向多种类型发展。

目前，全球约90%的节能灯、60%的计算机和50%的彩色电视产自我国。下游市场的繁荣带动了我国稀土发光材料市场需求的持续增长。近年来，包括我国在内的全球多个国家和地区，先后提出了停止使用白炽灯，推广使用节能灯的"绿色照明计划"，由此，从全球看，节能灯取代白炽灯的发展趋势不可逆转，这将有力地带动我国节能灯行业的快速发展。

我国稀土发光材料行业，当前是传统小作坊式生产企业与现代规模化生产企业并存，2009 年时，仅有两家企业的年产量超过 500 吨，占行业总产量的 28%。此外，由于受到生产技术水平和国外厂商下游市场垄断等因素的影响，国内大部分稀土发光材料企业主要生产中低端稀土发光材料。

稀土显示显像屏

当前，需用稀土为原材料的稀土显像屏的平板电视机，已成为彩电市场的主流。随着国家"以旧换新""家电下乡"等政策的实施推广，据预测，我国平板电视的普及率将在 10 年内达到 90%，我国平板电视未来市场空间巨大，稀土显像屏有着巨大的市场空间。

另外，笔记本电脑及手机的更新换代，使稀土发光材料保持持续增长。手机屏幕是 LED 背光源应用比较成熟的领域之一。

在显示器领域，随着 LCD、PDP 等平板显示屏的推广普及，预计显示用稀土发光材料的市场需求将逐年上升。

特种光源

特种光源是指用于特殊照明的电光源，包括无极灯、全光谱灯、紫外灯、植物生长灯和防灾残光灯等。紫外线灯是利用不同波长的紫外线照射，可应用于人体保健、诱虫杀菌、鉴定防伪等领域；促进植物生长灯在农业生产领域中的应用广泛。随着科技的进步，稀土发光材料还将应用于光转换农膜、生物发光标记等更多领域。

国外稀土荧光粉材料生产所需的稀土原料将长期依赖中国。生产稀土荧光粉需要中重稀土，尽管国外也有含中重稀土的矿山，但无论资源储量，还是采、选、冶的难度都无法与我国的离子型稀土矿竞争。因此，国外稀土荧光粉企业不断向中国转移，这更增强了我国对稀土资源管理的紧迫性。

稀土催化剂

催化剂

在化学反应里能改变其他物质的化学反应速率，而本身的质量和化学性质在化学反应前后都没有发生改变的物质叫催化剂，在工业上也叫触媒。也就是说，在化学反应中，催化剂是不会被消耗掉的。

催化剂对化学反应速率的影响非常大，有的催化剂可以使化学反应速率加快到几百万倍以上。催化剂一般具有选择性，某种催化剂仅能使某一反应或某一类型的反应加速进行。

催化剂在现代化学工业中占有极其重要的地位。现在几乎有半数以上的化工产品，在生产过程中都要采用催化剂。

汽车尾气净化催化剂

汽车作为生活现代化的标志，促进了人类社会的进步与发展，但同时也给人类带来不少严重问题，其中汽车尾气中排出的一氧化碳、碳氢化合物、氮氧化合物等，严重污染大气。随着世界各国汽车生产量和保有量的迅速增长，汽车尾气逐渐成为大气污染的主要来源。

安装催化净化器是降低汽车尾气污染的有效途径，它能将一氧化碳、碳氢化合物氧化成二氧化碳和水，将氮氧化物还原成氮气和氧气，这样，就同时净化了汽车尾气中的3种有害气体。

含稀土的汽车尾气净化催化剂，其特点是价格低，热稳定性好，活性较高，使用寿命长，特别是具有抗铅中毒的功能，因而在汽车尾气净化领域备受青睐。

稀土汽车尾气净化催化剂中所用的稀土主要是氧化铈、氧化镨和氧化镧的混合物。催化剂总体是由稀土与钴、锰、铅的复合氧化物组成的，其中氧化铈是关键成分。

用于汽车尾气净化催化剂的载体通常有陶瓷、金属蜂窝体、氧化铝小球和金属网状骨架等。把净化装置安装在汽车排气系统内，借助于排气温度和空气中的氧浓度，对尾气中的有害气体同时起氧化还原作用，使其转化成二氧化碳、水和氮气。

石油裂化稀土催化剂

石油提炼工业是稀土应用的一个重要领域，也是稀土消费的大户，每年要使用大量含稀土的沸石裂化催化剂。

从地下开采出来的原油，首先要经过蒸馏分离为不同沸点的成分，其中重质部分必须裂化为质量较轻的烃类，才能制取汽油等轻质油品。采用催化裂化方法可以从重质油中取得 80%的汽油、柴油和约 15%的气体。因而催化裂化成为炼油工业中最主要的加工手段。

20 世纪 60 年代以前炼油工业使用的是硅铝催化剂，1961 年美国美孚石油公司发明了高活性稀土元素分子筛催化剂，大幅度地提高了裂化汽油的出油率，实现了石油催化剂发展史上的一大突破。

这种催化剂由加稀土的沸石和基体组成。沸石是一种结晶态的多孔硅铝酸盐，其结构为均匀的孔窗，能对不同的分子直径的物质进行筛选，故亦称分子筛。稀土分子筛使用的稀土多为混合氯化稀土。

稀土分子筛的活性为硅铝催化剂的 100 倍，同时它还具有选择性和热稳定性好、原油的饱和度高等许多优点。它一问世就迅速在工业上推广应用，经过短短的 7 年就占领了美国裂化催化剂生产的 95%以上。

我国从 1980 年开始，炼油业中已使用稀土沸石催化剂，以后随着我国原油加工量的逐年增大，开采的石油中重质油比例增大，高活性稀土沸石催化剂为提高重质油中轻质产品的产率起到了重要的作用。

合成橡胶稀土催化剂

橡胶作为高分子材料的重要组成部分，有合成橡胶和天然橡胶之分，是国民经济和人民生活中不可缺少的重要物质。合成橡胶是通过催化剂将石油提炼中的副产品乙烯、丙烯、丁二烯等有机化合物聚合而成的，其产量和应用范围目前都大大超过天然橡胶。

合成橡胶采用稀土催化剂为我国首创，我国学者在这一领域做了大量的工作，并将研究成果应用于工业实践，合成了稀土顺丁橡胶及稀土异戊橡胶，试制了轮胎及各种橡胶制品。我国在稀土催化合成橡胶方面的研究工作起步较早，经过十多年的研制、试验、试生产，目前在实际应用上已取得重大进展。不仅能以低成本合成顺丁胶，而且这种胶的生胶性能和硫化胶性能，都比以钛系、钴系和镍系催化剂制得的顺丁胶品种好，在生产工艺上也有独特的优点，工业化前景广阔。我国橡胶资源贫乏，每年都需大量进口橡胶，故稀土合成橡胶在国内市场有较大的发展前途。

收集乳胶

生产稀土产品的难处

稀土市场是一个多元化的市场，加上相关的化合物和混合物，产品不计其数。而且在各种产品的生产过程中，从稀土选矿、稀土精矿分解、分离稀土元素到稀土冶炼等，都是很复杂的过程。

稀土选矿

当前开采出来的稀土矿石中，稀土氧化物的含量一般只有百分之几，为此在冶炼前必须将稀土矿物富集起来，以提高稀土氧化物的含量，才能得到稀土精矿。稀土矿的选矿一般采用浮选法，并常辅以重选、磁选，组成多种组合的选矿工艺流程。

稀土精矿分解

稀土精矿分解，也称前处理。稀土精矿中的稀土，一般呈难溶于水的碳酸盐、氟化物、磷酸盐、氧化物或硅酸盐等形态，必须通过各种化学变化将稀土转化为溶于水或无机酸的化合物。再经过溶解、分离、净化、浓缩或灼烧等工序，制成各种混合稀土化合物，如混合稀土氯化物。

分解稀土精矿有多种方法，总的来说可分为 3 类，即酸法、碱法和氯化分解法等。

分离稀土元素

欲从稀土精矿分解后所得到的混合稀土化合物中，分离提取出单一纯稀土元素，在工艺上是比较复杂和困难的。其主要原因有二：一是镧系元素之间的物理性质和化学性质十分相似，多数稀土的离子半径居于相邻两元素之间，非常相近，而且在水溶液中都是稳定的三价态。更由于稀土离子与水的亲和力大，其化学性质又非常相似，所以分离提纯极为困难。其二是稀土精矿分解后所得到的混合稀土化合物中伴生的杂质元素较多（如铀、钍、铌、钽、钛、锆、铁、硅、氟、磷等)。因此,在分离稀土元素工艺流程中,不但要考虑到这十几个化学性质极其相似的稀土元素之间的分离,而且还必须考虑稀土元素同伴生的杂质元素之间的分离。

现在生产中采用的分离方法也有多种,但常用的主要方法是溶剂萃取法、分步法和离子交换法等。

稀土冶炼方法

稀土的冶炼方法主要有湿法冶金和火法冶金两种。

湿法冶金,属化工冶金方式,全流程大多处于溶液、溶剂之中,大都采用沉淀、结晶、氧化还原、溶剂萃取、离子交换等化学分离工艺过程。现应用较普遍的是有机溶剂萃取法。湿法冶金流程复杂,产品纯度高,用该法生产的成品应用面广。

火法冶金工艺过程较简单,生产率较高。稀土火法冶炼主要包括熔盐电解法、硅热还原法和金属还原法等。

工业上大批量生产混合稀土金属一般使用熔盐电解法。这一方法是把稀土氯化物等稀土化合物加热熔融,然后进行电解,在阴极上析出稀土金属。电解法有氯化物电解和氧化物电解两种方法。氯化物电解是生产金属最普通的方法,用它生产混合稀土金属,工艺简单,成本便宜。但缺点是在生产过程中有氯气放出,污染环境;氧化物电解法不会排放有害气体,但成本稍高。一般用于生产价格较高的单一稀土,如钕、镨等,都用氧化物电解。

稀土产品种类很多,有 300 多个品种。其分类方法是:矿产品、初级品(或粗产品)称上游产品;深加工产品(高纯产品)称中游产品;应用材料和应用产品(或器件)称下游产品。

从稀土原料到最终成品要分为多个阶段,而每个阶段都有大大小小的关键技术,为此,越接近最终产品,其总体的技术含量越高,附加值也就越高。所以发展稀土应用产品和高附加值产品是我国稀土产业的发展方向。

稀土产业

中国“稀土之痛”

近年来，关于中国稀土管理问题一直成为中外媒体的焦点。稀土是战略资源，具有极为重要的战略价值。中国的稀土资源储量曾一度占到全球储量的 85%，但一直以极低的价格销售到国际市场。

在国际大宗商品市场上，有一个奇怪的现象，比如石油、煤炭、铁矿砂等，凡是中国处于出口阶段的时候，价格都极为低廉，一旦转为进口，价格则飙升了数十倍。

现在，同样拥有丰富稀土资源的美国却将其稀土矿山封闭，反而从中国进口稀土；而资源匮乏的日本更是大肆购买中国稀土，将其埋入海中，以备未来几十年之用。目前中国的实际稀土储量已经不足世界储量的 30%。如果再得不到有效管理，未来一旦变成纯进口，我们花费的不仅是几十倍甚至几百倍的金钱，更可能将在战略上被西方钳制。

中国稀土低价出口的原因

中国稀土长期以低价出口有其国际国内的背景和原因。

从国际上看，美国等西方发达国家，把耗费中国的稀土资源作为削弱中国战略优势的重要手段，并在发达国家之间已形成了战略同盟。他们利用各种途径压低稀土价格。当中国发出整顿稀土生产秩序，严禁稀土原料出口等信号时，他们便用威胁终止技术转让等多种方式向中国施压。

此外，西方一些大型企业，还通过合资的方式在中国设立稀土公司，控制有采矿权的中国企业。

在国内来讲，原因同样是错综复杂的。

第一，我们对稀土的重要作用和价值的认识并不充分，对我国稀土资源的高占有率带有盲目乐观的情绪。

第二，稀土矿产开发秩序混乱，开采权有的竟下放到了县、乡，他们对国家开采总量的控制指标阳奉阴违。加之地方稀土企业经营粗放、产品结构不合理、规模偏小、技术落后、恶性竞争等问题，导致资源流失严重，环境遭到破坏。

第三，随着国家稀土出口配额的逐年减少，稀土走私活动日渐猖獗。据测算，2009 年稀土走私出境超过 2 万吨，约占实际出口量的 1/3。

我国稀土产业发展面临着三道难题

出口配额如何调整

我国的稀土配额在国际上已经变成了一个政治问题，但是在国内，这还是个纯粹的经济问题。我国大幅削减稀土出口的 2010 年 9 月 23 日后，我国的某些部门和单位，为了经济利益，仍然向日本出口了 10 船稀土。

当前在美国、加拿大、澳大利亚等国，大型的稀土矿业处于关闭或半歇业状态中。我国 2012 年稀土出口量为 1.63 万吨，已降至顶峰时期(2006 年)的约 30%。按现有生产速度，我国的中、重类稀土储量仅能维持 15～20 年，以后有可能会变成需要进口。

包头市稀土专家组负责人杨万喜直言："中国供应全世界 97%的稀土，实际上是用中国的环境破坏来支撑其他国家的稀土应用。"

混乱的产业如何整合

2010 年 9 月 6 日，国务院发布《关于促进企业兼并重组的意见》，明确将稀土列为六大行业之一。这意味着，原来的 123 本稀土采矿权证会大大减少，整合到为数不多的几家大央企手里。

但是，对于拥有资源的地方政府而言，采矿权收归中央，显然不是他们乐于见到的结果。这就出现了中央和地方的矛盾。

技术瓶颈如何突破

稀土产地的地方政府都想用资源换技术，但是，并不现实。如日本昭和电工在江西赣州成立了一家合资公司——昭和稀土新材料有限公司。地方政府引进这些外资，原本是希望以资源换取学习技术的机会，但实际上却不是这么回事。日本方面在拿到资源以后，初步加工一下，运到日本加工成成品后再高价卖给我们。以氧化钕为例：出去的时候是 20 多万元 1 吨，到日本提纯成金属钕再卖回中国，1 000 克就要 20 多万元。

南京稀土应用研究会副理事长王仲山主张在稀土领域自主创新，他认为："中国的稀土技术还是需要自主创新，否则永远都是跟在别人后面。想通过交换得到技术也不现实。"在王仲山看来，现在我国重视稀土资源的开采和分离冶炼环节，但在应用上还不够重视。目前我国的稀土应用环节和开采分离环节一样也存在着分散和规模小的问题。

我国稀土产业发展的方向

发展我国稀土产业必须采取果断措施，扭转稀土在生产、销售、出口、研发等环节的混乱局面。

从战略的高度重视稀土产业。把我国稀土资源优势转化为经济优势，实现由稀土大国向稀土强国的转变。

国家对稀土产业实行宏观控制已初见成效，今后仍应继续加大宏观控制力度。要推行稀土储备制度，提高我国在国际贸易中的话语权。通过收购、兼并、重组等方式，构建以大型企业集团为主导的稀土产业格局。

整顿稀土开采秩序。把执行国家稀土政策的情况作为干部考核的重要依据。

以稀土应用为龙头，带动整个稀土产业的发展。

以科技创新为动力，提高稀土产业的整体水平和档次。

搞好稀土资源的合理开发利用，保护好环境，实现稀土产业的可持续发展。

新材料产业
XIN CAILIAO CHANYE

无机非金属材料旧貌换新颜

一个古老的材料王国

无机非金属材料是不同于金属材料的另一大类材料，它是以地壳中到处都是的泥土、沙子、岩石、矿物等为原料，经高温煅烧而成的制品或材料。

世界上第一种人造材料——陶器

在人类学会用火之后，人们用黏土加上水和成泥捏成各种器皿的形状，然后在火中焙烧，得到了十分坚硬的陶器，它是人类创造的第一种“人造材料”。它和天然的石头相比发生了质的飞跃，因为经过了高温（800～1 000℃）烧制，产生了物理和化学的变化，创造了和黏土不一样的新物质。

陶器是用黏土制成的，不同地方的黏土，成分不完全相同，总体来说，70％左右是二氧化硅，还有少量的氧化钙、三氧化二铁、氧化锰和三氧化二铝等，经过高温烧制后，形成复杂的硅酸盐及其他化合物。

唐三彩

陶器的制造过程是以黏土粉末为原料（筛除大的颗粒），再经过成型和烧制，这一工艺流程至今仍是大多数无机非金属材料的基本生产过程。

在我国，陶器大约出现在8 000年前，经过历代的改进，技术水平提高很快，闻名于世的兵马俑，亦称陶俑，是典型的陶制器；著名的唐三彩创始于唐高宗时期；江苏宜兴的紫砂壶享誉中外。

有了陶器，人类可以吃煮熟的食物；陶器也是最初的耐火材料，为以后的铜、铁冶炼提供了物质条件，对人类的进化立下了不朽的功勋。

瓷器

陶器的不足是不致密，易渗漏，强度也不高，经过几千年的发展，出现了瓷器。从陶到瓷，在技术上主要有三大突破：一是瓷土的发现和应用；二是釉的发明和创新；三是烧制温度的提高。

瓷土与陶土相比，二氧化硅的含量降至70%以下，三氧化二铁、氧化钙、氧化镁等称为助熔剂的物质明显减少，而三氧化二铝的含量显著增大。

瓷器的制造工艺水平也比陶器有很大改进，最重要的是烧制温度提高到1 200℃以上。

釉是覆盖在瓷器表面的一层玻璃态的物质，它是用长石、方解石、石英、滑石、高岭土等矿石和颜料按一定比例配制而成的，用多种方法施于胚体表面。在高温下，釉料被熔解并均匀地覆盖在瓷器表面，烧制后的瓷器艳丽动人。

青花瓷

瓷器是我国古代最重要的发明之一，最早出现于距今三千多年前的商朝。

陶器和瓷器统称“陶瓷”。陶瓷是无机非金属材料王国中最古老的家族。陶瓷的特点是耐高温，耐腐蚀，耐磨损，不导电等，加上原料丰富，制造工艺比较简单，成本低廉，不仅可以制成各种日常用品和工业用品，而且还可制成精美的工艺品，因此得到非常广泛的应用。

硅酸盐家族

陶瓷的组成是以二氧化硅为主，加上其他多种氧化物，经高温烧制后，便形成了以硅酸盐为主的一类材料。在几千年的发展过程中，硅酸盐工业发展为陶瓷、水泥、耐火材料和玻璃四大类产业。

陶瓷

陶瓷在工业和日常生活中应用非常广泛，有日用陶瓷、建筑陶瓷、高温陶瓷、耐蚀陶瓷、耐磨陶瓷和电工陶瓷等，长期以来是冶金、化工、建筑、机电等工业以及日常生活中不可缺少的基本材料之一。

水泥

水泥是当前工业中用量最大的材料，高楼大厦、公路、桥梁、隧道、机床的基座等都会用到水泥。我国水泥的年产量列世界第一。最常用的硅酸盐水泥是由石灰岩、黏土和铁矿石为原料，按一定比例混合并磨细形成所谓生料，经 1 450℃ 的高温煅烧成为熟料，然后加入一定量的石膏后再次磨细即为水泥。

水泥加水形成胶体，静置一段时间后可自动凝固，形成坚硬的固体。水泥和沙子、石子混合即构成耐压强度极高的混凝土，如用钢筋加强，即为钢筋混凝土，是建筑工程中的基础、构筑物、框架等的主要成分。

耐火材料

耐火材料主要用于高温冶炼、煅烧、熔制、加热等工业炉的内衬、墙体、窗口等，在冶金工业中有突出的重要地位。耐火材料品种繁多，通常规定其耐火温度在 1 580℃以上。

玻璃

玻璃是硅酸盐家族中又一个古老而辉煌的成员。早在 5000 多年前古埃及人发现了玻璃，3 500 年前便创造了玻璃工业，这是西方古代文明的象征之一。玻璃也属于硅酸盐系列，如常用的平板玻璃是以二氧化硅为主体的多种氧化物的复合体。不过玻璃的熔点比较低，是透明的非晶态的固体材料。玻璃在建筑、化工、光学仪器、化学分析仪器、轻工、医疗器械、电子真空系统等方面均有广泛而重要的用途，玻璃还可以做成精美的工艺美术品。

现代的陶瓷材料

原来的陶瓷称作传统陶瓷或普通陶瓷，主要用于制作一些瓶瓶罐罐之类的用具，还用作建筑材料、电绝缘材料和化工陶瓷等，虽然用途广泛，但并没有什么特别耀眼之处。后来，人们仔细研究了构成陶瓷材料的基础，才使陶瓷的概念发生了很大的变化，发展成现代陶瓷或特种陶瓷，用途也大大扩展。

普通陶瓷材料采用天然原料如长石、黏土和石英等烧结而成，而现代陶瓷则是采用高纯度人工合成的原料，利用精密控制工艺成形烧结制成的，因而具有某些特殊性能，如特殊的力学、光、声、电、磁、热等性能，这样，它的适应面就大大扩展了，出现了一类新的陶瓷材料，即"功能陶瓷"。这种现代陶瓷主要有氧化物陶瓷、氮化物陶瓷、碳化物陶瓷、金属陶瓷等。

现代陶瓷材料是工程材料中刚度最好、硬度最高的材料，抗压强度也较高，但抗拉强度较低，其最主要的缺点是塑性和韧性很差。

它的热性能也好：具有高的熔点（大多在 2 000℃以上），且在高温下具有极好的化学稳定性；其导热性低于金属材料，是良好的隔热材料。同时它的线膨胀系数比金属低，当温度发生变化时，陶瓷具有良好的尺寸稳定性。

大多数现代陶瓷具有良好的电绝缘性，因此大量用于制作各种电压绝缘器件。更出色的是，它在高温下不易氧化，并对酸、碱、盐具有良好的抗腐蚀能力。它还有独特的光学性能，可用作固体激光器材料。透明陶瓷可用于高压钠灯管等。磁性陶瓷在录音磁带、唱片、变压器铁芯、大型计算机记忆元件方面的应用有着广泛的前途。

先进陶瓷

到目前为止，汽车发动机的汽缸大都是用镍基、钴基耐热合金钢制造的，这种汽缸的工作温度为 1 000℃左右，而且还要用冷却水冷却，否则汽缸将受热变形。若降低工作温度，就会由于燃料不能充分燃烧而造成能源浪费。后来科技人员发现，如果用耐热的陶瓷代替合金钢制造陶瓷发动机，其工作温度可达 1 300～1 500℃，并且可不用冷却系统，这样便可节省 30%的热能。

汽车的发动机

用陶瓷做汽车发动机，不仅可以大大地节能，而且由于陶瓷发动机的工作温度高，可使燃料充分燃烧，排出的废气中的污染物大为减少，如排出的氮氧化物可减少到 1/3，这不仅降低了能源消耗，而且减少了环境污染。用陶瓷发动机还有自重轻和价格便宜的好处。由于陶瓷比合金钢轻得多，更由于取消了水冷系统，因此，若发动机中大部分零件都用陶瓷制作，那么发动机的自重则可减轻一半以上，而其价格只有原来的 1/30。

什么是先进陶瓷

用来制造发动机的陶瓷并不是普通的砌墙、铺地的建筑瓷砖，也不是盥洗室里做陶瓷洁具的卫生陶瓷，更不是做锅、碗、盘、匙的日用陶瓷，以上这些陶瓷通称为“传统陶瓷”。而用来制造汽车发动机的陶瓷称为“先进陶瓷”，也叫“特种陶瓷”。

先进陶瓷不同于传统陶瓷，首先是成分不同。普通陶瓷的成分很复杂，但其主要成分是二氧化硅和硅酸盐；而先进陶瓷的种类也很多，主要有氮化硅、碳化硅、氧化锆等。

先进陶瓷材料大致可分为结构陶瓷和功能陶瓷两大类。功能陶瓷在电、磁、声、光、热等方面具有良好的性能，目前已在能源开发、电子技术、传感技术、激光技术、光电子技术、红外技术、生物技术、环境科学等方面都有广泛应用；结构陶瓷具有优于普通陶瓷的高强度、高硬度、耐高温、耐磨损、耐腐蚀等一系列优异性能，因此在宇航、能源、电子、化工、机械制造和生命科学等领域都有重要的应用。

先进陶瓷的生产工艺

先进陶瓷的生产工艺也不同于普通陶瓷。普通陶瓷一般只需制坯后放入窑炉里烧制便可。先进陶瓷的生产工艺与普通陶瓷相比，就要复杂一些。

以氮化硅陶瓷的生产为例：生产氮化硅陶瓷的原料是结晶硅块，把硅块放入球磨机里，加酒精湿磨成很细的粉末。把硅粉用浇注法、模压法或热压法制成坯体，坯体在氮气中用 1 200℃的高温进行初步氮化，使其中一部分硅粉与氮反应，生成氮化硅。这时，整个坯体已经有一定的强度，可以进行机械加工。将坯体加工至成品所需的尺寸，然后再在 1 350～1 450℃的高温炉中进行第二次氮化，反应后便生成氮化硅陶瓷。

先进陶瓷产业概况

先进陶瓷的产业化发展，美国居领先地位。美国重点发展高温结构陶瓷，目前在航天技术、汽车、航天器、核工程、医疗设备及机械动力等方面进入大范围使用阶段。以氮化硅、碳化硅、氧化锆为主的精密材料陶瓷制品，美国的产量占世界总产量的 60%以上。日本近年来一直将先进陶瓷视为决定未来竞争力前途的高科技产业，加大投资力度，其生产的先进陶瓷敏感元件已占据国际市场主要份额。欧盟也很重视先进陶瓷的研制和产业化发展。

目前我国年生产各种功能陶瓷材料约 2 000 吨，其中个别产品的性能超过国外品种；但在先进结构陶瓷方面，虽然研究水平和国际先进水平相差不大，但产业化水平差别较大，应用程度和所占的份额也较小。

先进结构陶瓷

先进结构陶瓷也称工业陶瓷，作为承力部件，其特点是在高温、强腐蚀、冲刷和摩擦条件下，保持高的刚度、强度、硬度、化学稳定性和耐用度。可用于制造各种工具和设备，尤其是各种高端装备。

先进结构陶瓷的优异性能

高温下的最强者

陶瓷材料的熔点高，在高温下的力学性能是其他材料无法比拟的。高分子材料易分解，使用温度一般低于 300℃；金属材料作为受力构件，最高使用温度极限大约为 1 050℃，唯有陶瓷材料才是高温下的最强者。

空间技术的发展，航天飞机等各种空间飞行器需要返回地球，这时飞行器与空气摩擦会产生很高的温度，即使返回速度比一般宇宙飞船慢得多的航天飞机，其因与空气摩擦，表面产生的温度也将高达 1 400℃左右。因此在航天飞机的外表面披挂着数万块隔热瓦，它们是用陶瓷复合材料做成的。正是有了陶瓷材料，才能保证航天飞机可以在地球与太空之间多次往返。

返回舱

坚硬的材料大军

目前已知的最坚硬的材料是金刚石。除了金刚石以外，陶瓷中许多材料都具有接近金刚石的高硬度，如立方氮化硼、碳化硅、碳化钛、氧化铝、氮化硅等，它们比最硬的钢或铸铁硬得多，比硬质合金还要硬。因此作为切削刀具是得天独厚的。

陶瓷刀具在20世纪20年代已开始出现，但由于其脆性，在生产上未能推广使用。经过几十年的发展，于20世纪80年代中期，氮化硅陶瓷刀具研制成功，进入市场。目前陶瓷刀具在加工硬度较高的金属材料，实现高速切削、自动加工、提高精度等方面，已真正做到“削铁如泥”了。

惊人的化学稳定性

惊人的化学稳定性表现为在高温时不会被氧化，如氧化锆陶瓷作为发热元件，在2 000～2 200℃的高温下可工作上千小时而不会损坏。

另一方面，陶瓷材料的化学稳定性表现为，几乎可以耐受除氢氟酸以外的一切无机酸的腐蚀。氧化铝和镁铝尖晶石甚至连氢氟酸都不怕。

许多陶瓷材料能够抵抗熔融金属的高温侵蚀，成为熔炼各种金属材料的坩埚材料。

攻克陶瓷的脆性

脆性是一切陶瓷材料的共同弱点，极大地影响了陶瓷材料的广泛应用。

陶瓷脆性的原因

陶瓷的断裂是由于存在于材料表面或内部的微小裂纹的尖端，出现应力集中而造成的。当应力增大到一定值后，裂纹便突然迅速扩张，并导致最终断裂。

一般的金属材料由于裂纹扩展以前，在裂纹尖端处会产生塑性变形，因而降低了应力集中，使其断裂韧性较高；而陶瓷材料因为没有塑性变形，故断裂韧性特别低。

常用降低陶瓷脆性的方法

采用高纯原料：采用高纯、超细的粉末原料，改进成型和烧结的方法，以获得结构细密、均匀的陶瓷材料。这是从减少陶瓷的细裂纹着眼的。

陶瓷的裂纹

加入弥散的第二相：引入细小、弥散的第二相，如碳化硅中加入25％的碳化钛颗粒，这是从阻碍微裂纹的扩张着手的。

纤维增强与增韧：在陶瓷中加入陶瓷晶须或长纤维，这同样能阻碍微裂纹的扩张。

通过局部相变增韧：材料在发生相变时，往往会产生体积的变化。有些陶瓷材料如二氧化锆，加入稳定剂后可使其在正常情况下不发生相变，而在微裂纹扩张时则引发裂纹尖端的局部相变。在相变时由于体积的变化，可使应力集中下降，从而缓解了微裂纹的扩张。

以上几种方法对降低陶瓷的脆性虽然都有一定的效果，但终究都只是改良，而无法根治其脆性。欲大幅度地提高陶瓷材料的韧性，科学家们寄希望于纳米陶瓷材料。

纳米陶瓷

纳米陶瓷是指晶粒具有纳米级尺度（1～100 纳米）的陶瓷材料。如果多晶陶瓷是由大小为纳米级的晶粒组成，则能够大为提高陶瓷材料的塑性；还发现纳米二氧化钛陶瓷材料在室温下具有优良的韧性，在 180℃经受弯曲而不产生裂纹。许多专家认为，如能解决纳米陶瓷的烧结过程中抑制陶瓷晶粒长大的技术问题，从而控制陶瓷晶粒尺寸在 50 纳米以下，这样的纳米陶瓷将具有高硬度、高韧性、低温超塑性、易加工等传统陶瓷无法相比的优点。

上海硅酸盐研究所在纳米陶瓷的制备方面起步较早，他们研究发现，纳米陶瓷（晶粒为 100 纳米左右）在经室温循环拉伸试验后，在纳米样品的断口区域发生了局部超塑性形变，并从断口侧面观察到了大量的通常出现在金属断口的滑移线。

先进结构陶瓷中的主要代表

先进结构陶瓷主要包括氧化物类、氮化物类和碳化物类。

氧化铝陶瓷

氧化铝含量在 85％以上的统称氧化铝陶瓷，含量在 99％以上者又称刚玉瓷。

由于氧化铝陶瓷具有优良的绝缘性能和机械性能，其用途非常广泛，应用量约占所有结构陶瓷的 60%。它可用于制作刀具和其他耐磨零件、高压钠灯灯管、集成电路基片、电真空陶瓷器件、高频绝缘瓷体、汽车和航空发动机的点火器等。

氮化硅陶瓷

氮化硅在自然界不存在，都用人工方法合成。它具有优良的高温力学性能，特别是高的耐热冲压性能，使它成为最有希望用于发动机的陶瓷材料。现在，发动机的陶瓷电热塞、涡流室镶块、增压器叶轮等已在日本等国商业化生产。

碳化硅陶瓷

碳化硅陶瓷最大的特点是其高温力学性能在陶瓷材料中是最优秀的，其强度从室温到 1 600℃可维持基本不变；它的硬度仅次于金刚石，是很好的磨料；它的导电和导热性在陶瓷材料中都是较好的。由于它的独特性能，使之在航空航天、原子能、化工、电子等工业领域中得到了广泛的应用。

我国重视先进结构陶瓷的研发

由于具有一系列优异的性能，先进结构陶瓷材料在节约能源，节约贵重金属资源，促进环境保护，提高生产效率，延长机器设备寿命，保证高新技术和尖端技术的实现等方面都发挥了积极的作用。长期以来，先进结构陶瓷材料受到政府各部门的高度重视，通过国家自然科学基金、“863”“973”、科技攻关、产学研工程、高技术产业化示范工程等计划的支持，在基础理论研究、应用研究以及新材料新产品开发等方面都取得了显著的成果。

多年来中国材料研究工作者，在先进结构陶瓷研发方面紧紧跟踪国际科技前沿，对新理论、新观点、新技术、新工艺和新材料进行广泛探索，如凝胶注模成型，放电等离子烧结，微波烧结，纳米与纳米复相陶瓷，晶须或纤维增韧陶瓷和层状复合材料等。

但是科研成果转化为生产力也不是一件容易的事。我国在先进结构陶瓷方面的研发成果，需要加快产业化的步伐，使之转化成社会生产力。

功能陶瓷

什么是功能陶瓷

功能陶瓷是一类颇具灵性的材料，它们或能感知光线，或能区分气味，或能储存信息……它们在电、磁、声、光、热等方面具备的许多优异性能令其他材料难以企及，有的功能陶瓷材料还是一材多能呢！

功能陶瓷如今已走进了千家万户，与人们生活水平的提高直接相关，如在彩色电视机中，陶瓷元器件大约占了 75%，其中大部分是功能陶瓷。许多功能陶瓷及其器件具有不可思议的特性，在各种现代化的工业电子产品的心脏中跳动。

绝缘陶瓷

材料按电阻率的大小可分为导体、半导体和绝缘体三大类。陶瓷材料绝大多数是良好的绝缘材料。

云母长石瓷是最早用作绝缘子的陶瓷材料，常用于低压绝缘体；高铝质瓷是性能优异的绝缘陶瓷，多用于超高压线路的绝缘子。

绝缘陶瓷除了用于电力工业中的绝缘部件外，在电子工业中还可用于电阻芯片、电子管壳、管座以及集成电路的基片和封装等。其中集成电路的基片和包封是目前用量很大又十分重要的绝缘材料。随着集成电路和计算机技术向着更高的电路密度和更快的运算速度发展，使用于计算机的多层陶瓷基片结构相当复杂，加工非常精细。在一个模片中，可有 30 多层陶瓷基片，每片厚度不超过 0.2 毫米，有 100 多个芯片与

电线杆上常见的绝缘陶瓷

基片相连接，可有几十万个接点，几万个通道和阵列。所有这些都用陶瓷封装在一个模件中。

因此，作为陶瓷基片材料要有足够的强度，高的绝缘性，低的介电常数，同时还要有高的热导率。高质量的三氧化二铝陶瓷是目前用于制造基片的主要材料，但其热导率还不够理想，需要改进。

电容器陶瓷

在直流电路中，电容器的作用是不允许电流通过。但在交流电路中，电容器可通过充放电使电流通过，并起到振荡、耦合、滤波等作用，是电子电路中的基本元件之一。用陶瓷材料制造的电容器，电容量大，介电损耗小，耐高压，耐高温，热稳定性好，而且能够小型化，因此在微电子工业中占有十分重要的地位。目前全世界每年生产的陶瓷电容器达百亿只。

电容器陶瓷材料在收录机、电视机、计算机、微波通讯器材、航空仪器仪表中都有广泛的应用。

多种功能陶瓷

超导陶瓷

超导陶瓷材料是功能陶瓷的杰出代表。1987 年美国科学家发现钇钡铜氧陶瓷在 −175℃时具有超导性能，为超导材料的实用化开辟了道路，成为人类超导研究历程的重要里程碑。

压电陶瓷

在力的作用下，压电陶瓷表面会带电，反之若给它通电，它就会发生机械变形。目前压电陶瓷已得到广泛的应用。

敏感陶瓷

敏感陶瓷的电性能随湿、热、光、力等外界条件的变化而产生敏感效应。敏感陶瓷的种类很多，有热敏陶瓷、气敏陶瓷、光敏陶瓷、压敏陶瓷、湿敏陶瓷等，常用于制造各种传感器。传感器的作用不可小觑，它们实现了人类眼、耳、鼻、舌、身等感觉器官的延伸。

此外，还有发光陶瓷、感光陶瓷、吸波陶瓷、激光用陶瓷、核燃料陶瓷、推

陶瓷电容器

进剂陶瓷、太阳能光电转换陶瓷、贮能陶瓷、陶瓷固体电池、阻尼陶瓷、生物技术陶瓷、催化陶瓷、特种功能陶瓷薄膜等，在自动控制、仪器仪表、电子、通信、能源、交通、冶金、化工、精密机械、航空航天、国防等部门均发挥着重要作用。

在奇妙的材料世界里，还有许多未知的现象有待于人们去探究，随着科学技术的进一步发展，人类也必然会发掘出功能陶瓷材料更多的新功能，并将其派上新的用场。

压电陶瓷材料

压电效应

压电陶瓷是功能陶瓷材料中的一种，它具有压电效应。

所谓压电效应是指某些介质在力的作用下，产生形变，引起介质表面带电，这是正压电效应。反之，施加激励电场，介质将产生机械变形，称为逆压电效应。这种奇妙的效应已经被应用在与人们生活密切相关的许多领域，以实现能量转换、传感、驱动、频率控制等功能。

常用的压电陶瓷有钛酸钡系、锆钛酸铅二元系等。

压电陶瓷材料的应用——声纳

声纳系统是压电陶瓷材料的一个有趣的应用。轮船或军舰在大海上行驶，需要了解海里的信息，例如海里的沉船、暗礁，或者探测水下的潜水艇、水雷等。在陆上通常的方法是借助光学望远镜或雷达，但是光波和电磁波在水中传播时衰减得很快，稍微远一点便什么也“看”不到了。人们发现声波在水中可以传得很远，而且声波在水下的传播速度比空气里更快，于是科学家们马上想到利用声波来探测海洋中的秘密，声纳随之被研制出来。

声纳的基本原理是利用压电陶瓷材料做成声波发生器，即在交变电场的作用下，压电陶瓷材料通过逆压电效应，会产生机械振动，在共振频率下可以产生很强的声波，这种声波在海水中可以传播几十海里。声波与光波一样，当遇到障碍物时，就能反射回来，再利用一个声波接收器，它仍是一个很灵敏的压电陶瓷材料，当受到声波的作用时（实际上是一种微小的振动），压电陶瓷通过正压电效应，把声波转换成电信号记录下来。通过计算，就可以判断水下障碍物的方向和距离。

现在用压电材料做的水下声波发射器，功率可达兆瓦级，而用压电陶瓷制作的水听器（声波接收器）比人的耳朵还要灵敏得多，这就是现代远洋轮船和军舰上常用的声纳系统，也可叫做“水下雷达”。

借助于声纳就好像轮船在水中安上了千里眼和顺风耳，可以“看”到水中的鱼群，发现水中的各种目标，包括潜艇、沉船、暗礁、深水炸弹，所以可用于探测海底的地貌、编制海图、海洋地质调查、航道疏通及港务工作、海底电缆及管道敷设工程、导航、海事救护等。

潜艇

压电陶瓷材料的广泛应用

压电陶瓷材料在现代科技领域中有极其广泛的应用：一种是将电能转换为机械能，如各种扬声器、蜂鸣器、超声波发生器、超声清洗器、乳化器等；

另一种是把机械能转换成电能，例如产生高压，制造点火器、引爆器、灭蚊器等。

压电变压器是其应用中的典型例子，它的重要特点是升压比可以非常高，可用于小功率的高压变压器，而且这种变压器可以做得很小。

半导体陶瓷和敏感陶瓷

半导体陶瓷

一般的由金属氧化物制成的陶瓷都是不导电的绝缘体，但是如果加入特定的添加剂，或者控制材料的烧结气氛，便能使陶瓷材料具有半导体性，这一类陶瓷称为半导体陶瓷。

半导体陶瓷有一个十分显著的特点，就是其导电性质对电压、温度、湿度、气氛等外界条件十分敏感。因此利用这种性质，发展出一系列的敏感陶瓷及由它们制成的传感器，用于准确而迅速地感知和测量各种环境参数，在现代工业技术特别是计算机、人工智能、机器人模式识别技术中起着非常重要的作用。

热敏陶瓷

热敏陶瓷是对温度变化敏感的陶瓷材料，可用来探测和控制某一特定的温度，也可作为电流限制器使用。例如马达和变压器的过热保护，当温度高于某一温度（如 80℃）时，则热敏陶瓷的电阻急骤增大，使线路中的电流减小，温度下降，同时发出报警信号。

热敏电阻主要用于温度传感器、温度补偿、过电流保护等，在家用电器中广泛应用。

压敏陶瓷

压敏陶瓷是指对电压变化敏感的陶瓷材料。这种陶瓷的电阻值会随电压呈现非线性的变化，在低压下，电阻值高，因此流过的电流很小，但当电压高于某一定值后，电阻值则迅速下降，流过的电流快速增大。把这种陶瓷做成的元件并联在电路中，可以用来吸收（分流）供电系统中经常可能发生的过电压、过电流脉冲，以保护电器设备免遭破坏。

典型的压敏陶瓷是氧化锌压敏陶瓷，在一般的电器和电子仪器设备中，氧化锌压敏陶瓷用于过电压保护。目前它已成为家用电器、工业电子设备、通信、汽车以及电力设备的过电压保护、稳压和浪涌电压吸收的重要元件。

湿敏陶瓷

湿敏陶瓷大都做成多孔陶瓷，利用其微孔中吸附水分后电阻发生显著变化的特点，做成湿敏元件作为检测湿度的传感器。湿度的测量与监控，对于工厂特别是精密车间、仓库，尤其是粮食仓库十分重要。

多孔陶瓷

光敏陶瓷

半导体陶瓷在光的照射下能够产生光电效应，利用这个效应可以制成光敏电阻用于光电控制，如自动送料，自动给水，自动曝光，自动计数，自动报警，用于红外光区可作红外探测器等。

气敏陶瓷

气敏陶瓷亦称气敏半导体，电鼻子，是用二氧化锡等材料经压制烧结而成的。是用于吸收某种气体后陶瓷的电阻率发生变化的一种功能陶瓷，它对许多气体的反应十分灵敏，可应用于气敏检漏仪等装置进行自动报警，在不少场合可保障人们生命财产的安全。

比如在煤矿的矿井中检测危害矿工生命的瓦斯气体；在居民点，预报煤气泄漏。

气敏检漏仪的表面和内部吸附着氧分子，当遇到易燃易爆的还原性气体，如一氧化碳时，后者就会与其吸附的氧结合，从而引起陶瓷电阻的变化，激发自动电路，发出报警信号。

这种电鼻子对许多气体反映十分灵敏，如对百万分之一浓度的氢气即能

煤矿开采

显示。有了这种电鼻子，矿井、工厂和家庭再也不会为瓦斯和煤气等还原性有害气体而提心吊胆了。因为只要空气中的还原性气体超标，指示灯就会闪亮，报警器就会鸣响，人们就可以采取通风、检漏、堵漏等措施。这样，就会化险为夷，生命财产就可得到保障。

气敏陶瓷的品种

人们在研制试验各种陶瓷时，发现半导体陶瓷作为气敏材料的灵敏度非常高。如薄膜状氧化锌气敏材料可检测氢气、氧气、乙烯和丙烯气体；以铂作催化剂时可检测乙烷和丙烷等烷烃类可燃性气体；氧化锡气敏材料可检测甲烷、乙烷等可燃性气体。氧化铱系材料是测氧分压最常用的敏感材料。此外，氧化铁、氧化钨、氧化铝等氧化物都有一定的气敏特性。它们通过有选择地吸附气体，使半导体的表面能态发生改变，从而引起电导率的变化，以此确定某种未知气体及其浓度。目前探测诸如一氧化碳、酒精、煤气、苯、丙烷、氢、二氧化硫等气体的气敏陶瓷的研究已经获得了成功。

半导体陶瓷气敏材料在工业上有着极为广阔的应用前景。如对煤矿开采中的瓦斯进行控制与检测，对煤气输送和化工生产中管道气体的泄漏进行监测等。

气敏陶瓷的发展方向

从现在的水平来看，半导体气敏陶瓷元件的灵敏度高，有利于实现快速、连续及自动测量。它的结构及工艺简单、方便、价廉。其缺点是稳定性、互换性不好,对不同气体的分辨力差,在不同温度条件下的工作问题还有待进一步解决,不易实现定量检测等。要解决现存问题需要从以下几个方面着手:

(1) 积极开展有关气敏半导体陶瓷材料基础理论的研究,从新的理论基础上探讨解决气敏半导体陶瓷材料的各种性能问题。

(2) 提高材料的性能,积极寻找新材料。目前,氧化锡系、氧化锌系、氧化铁系等气敏半导体陶瓷材料已实用化,但性能还有待进一步提高。

(3) 积极开展多功能化、微型化、集成化气敏半导体陶瓷元件的研制开发。今后气敏半导体陶瓷元件的发展方向将是短,小,轻,薄型化。

陶瓷产业

我国陶瓷产业概况

陶瓷制品的生产，在中国历史悠久，经过长期的发展，制造工艺得到不断提高。特别是近20年来，陶瓷制品结构的合理调整，并随着社会的发展和生活水平的提高，在生活中的应用范围越来越广。同时，我国陶瓷产品出口贸易总额正在全力提升。日用陶瓷、建筑陶瓷、卫生陶瓷以及艺术陶瓷产品的出口，呈现全面飘红的喜人景象。从总体上讲，中国陶瓷产业的经济实力不断增长。

近年来，中国陶瓷行业技术水平明显提升。大型高效节能窑炉、抛光砖和大规格建筑陶瓷薄板生产技术达到世界先进水平，节水型卫生陶瓷生产技术日趋完善并得到推广。产业结构明显优化，产品结构由中低档为主向高中低档全面发展，满足不同层次的消费需求。另一方面，产业集群化发展，形成了30余个各具特色的陶瓷产区，中西部地区陶瓷生产迅速崛起。一大批有实力的企业快速成长，加快了与国际接轨的步伐。

经济社会发展对陶瓷工业提出了新的要求，节能减排已关系到陶瓷行业的生存与发展。劳动力、土地、资源等要素成本的上升，使粗放式发展模式难以为继。近年来，我国陶瓷行业在国际市场中地位有所提升，但随着国际贸易保护主义抬头，也给国际贸易带来新的挑战。为此，国内陶瓷企业必须加快结构调整和技术进步，积极应对市场新形势。

“十二五”期间，城镇化和新农村建设将为陶瓷行业提供稳步增长的空间。居民住宅、公共建筑以及基础设施建设，特别是新农村及中西部地区城乡建设快速发展，对陶瓷产品需求拉动较大。预计到2016年，中国陶瓷制品制造业销售收入有望突破4 800亿元。

中国陶瓷产业总部基地

2008年10月18日，中国陶瓷产业总部基地正式营业。作为中国第一个以陶瓷产业为主体的企业总部基地——“中国陶瓷产业总部基地”将成为陶瓷企业的战略决策总部、产品研发设计总部、营销服务总部、国际陶瓷品牌中国区域的营销总部。将为陶瓷产业的发展构筑实质性载体，为陶瓷企业提供总部服务平台、商贸平台和信息平台，成为陶瓷产业整合、发展、提升的高端平台。

中国陶瓷产业总部基地总投资达 26 亿元，总规划为 67 万米^2，项目位于广东省佛山市。

中国陶瓷产业总部基地是一个智能化、生态型的总部楼群。楼群集陶瓷产业的全球营销、管理、服务总部，产品研发设计中心，出口基地和信息中心为一体。同时，中国陶瓷产业总部基地也是中国陶瓷历史文化的传播中心。在基地内正投资建设占地 10 000 米^2 的中国陶瓷历史文化长廊，展示中国陶瓷的历史和发展轨迹，使现代陶瓷与历史文化互相辉映，以此突显陶瓷魅力和文化内涵。

形形色色的新型玻璃

钢化玻璃

如果将一块钢化玻璃在两端支撑起来，中间悬空，站上一个彪形大汉，玻璃会被压成弧形，但不会断裂。原来，钢化玻璃的抗弯能力比普通玻璃大5～7倍。

制造钢化玻璃的材料就是普通玻璃。生产方法是将普通玻璃板加热到接近其软化点，然后，将高压空气均匀地吹向玻璃表面，使其急剧冷却。通过这般技术处理的玻璃，其表面形成了一种预应力，可与玻璃受到的外力相抵抗，因此它的强度与普通玻璃相比，就奇迹般地提高了。

钢化玻璃相对于普通平板玻璃来说，具有两大特征：一是前者强度是后者的数倍；二是钢化玻璃不容易破碎，即使破碎也会以无锐角的颗粒形式碎裂，对人体伤害大大降低。

钢化玻璃被广泛应用于建筑物的幕墙外装饰，汽车和火车的窗玻璃，还经常被应用于转门及楼梯两旁的挡板以及作为茶几板、台板玻璃等日常用品。另外，在某些情况下，钢化玻璃还能代替钢铁，作为制造某些机械零部件的材料。

夹丝玻璃

夹丝玻璃是采用压延的方法，将金属丝或金属网嵌于玻璃板内制成的一种具有抗冲击的平板玻璃，受撞击时只会形成辐射状裂纹而不至于坠下伤人。故多应用于高层楼宇和震荡性强的厂房。

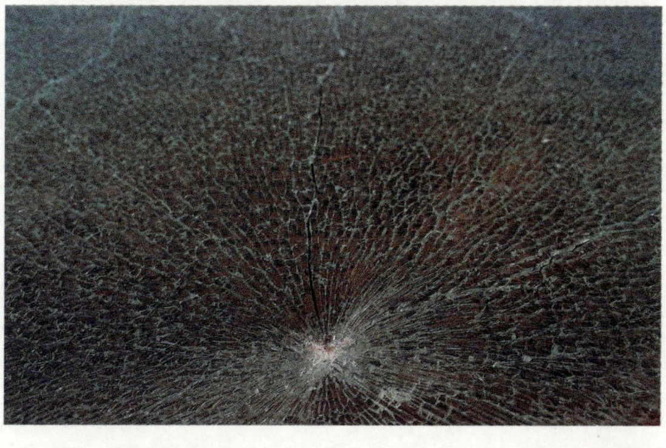

辐射状裂纹

中空玻璃

中空玻璃是由两块大小相同的普通玻璃制成。两块玻璃之间的间隔只有几毫米，四周镶上金属材料，联成一密封体后，就制成了中空玻璃。

中空玻璃具有显著的隔热效果，用中空玻璃做建筑玻璃，可节约大量的采暖和降温的耗能，现已被广泛采用。

夹层玻璃

夹层玻璃一般由两片普通平板玻璃（也可以是钢化玻璃或其他特殊玻璃）和玻璃之间的有机胶合层构成。当受到破坏时，碎片仍黏附在胶层上，避免了碎片飞溅对人体的伤害。多用于有安全要求的装修项目。

日本制造商生产出一种新型隔音玻璃，这种玻璃是用厚达5毫米的软质树脂把两层玻璃黏合在一起，几乎可以把全部杂音吸收殆尽。

彩色玻璃

教堂里的彩色玻璃

在玻璃溶液中加入混合颜料或者将颜料烘焙在玻璃表面，即可制成彩色玻璃。彩色玻璃多应用于艺术品，被用来制造灯罩和花瓶等装饰品，也被用来制造巨大的教堂窗玻璃。彩色窗玻璃的制造工艺在中世纪因哥特式教堂的建造达到顶峰。它们不仅可以让光线射入教堂，而且窗玻璃上显出一幅幅彩绘，描述一个个的圣经故事。彩色玻璃将宗教美学融入哥特式艺术建筑。这种教堂在西欧各国几乎随处可见。

防弹玻璃

防弹玻璃实际上就是夹层玻璃的

一种，只是构成的玻璃多采用强度较高的钢化玻璃，中间的夹层是用坚韧的塑料为内层。该内层可以吸收冲击和爆炸过程中所产生的部分能量和冲击波压力，具有良好的安全性、抗冲击性和抗穿透性。多采用于贵重物品陈列柜、银行等对安全要求非常高的装修工程之中。

防辐射玻璃

玻璃因成分不同而分为各种不同的类型。普通玻璃的主要成分是钠、硅和钙的氧化物，当制造玻璃时加入适量的铅，便制成了铅玻璃。

铅玻璃有一个显著的特点，就是它的密度大，射线不易穿透，因而便成了防辐射玻璃。

在医院里，防辐射玻璃可用作 X 射线室的屏蔽玻璃和医生用的玻璃面罩，以防止射线对医务工作者的伤害。在核反应堆中，往往用防辐射玻璃来制造透明的观察窗或窥视孔。在核废料处理时，用铅玻璃把放射性残渣、废液封固起来，埋入地下或投入深海就比较安全了。

微晶玻璃

微晶玻璃是由微小的晶体组成的玻璃。由于它和陶瓷有着相似的结构，所以又被称为“玻璃陶瓷”。

玻璃在一般情况下处于非晶体状态，但是，它的结构是不稳定的，温度达到 900～1 000℃时，就会析出晶体，形成按一定规则排列的分子结构。

目前人们已制造出 1 000 多种不同成分的微晶玻璃，它们共同的特点是：硬度高，抗弯强度是普通玻璃的 7～12 倍，具有良好的化学加工性能，可以在指甲那么大的微晶玻璃上打出上万个小孔。它们有着广泛的用途，主要被应用在需要耐磨又耐热的滚动轴承、高速切削刀具、热交换器等。另外，微晶玻璃还可以制成高级装饰品和艺术品。近年来，随着微晶玻璃价格的降低，还被应用于商业建筑和娱乐设施的饰面装修中。

人工金刚石

人工金刚石的问世

18世纪末，人们发现身价高贵的金刚石竟然是碳的一种同素异形体，从此，制备人造金刚石就成了许多科学家的梦想。一个世纪以后，石墨——碳的另一种单质形式被发现了，人们便尝试模拟自然过程，让石墨在超高温高压的环境下转变成金刚石。为了缩短反应时间，需要2 000℃高温和5 500兆帕高压的特殊条件。

1955年，美国通用电气公司专门制造了高温高压静电设备，得到了世界上第一批工业用人造金刚石小晶体，但由于它们的颗粒很小，只能用作磨料。虽然如此，它却开创了工业规模生产人造金刚石磨料的先河，现在他们的年产量在20吨左右。

不久，杜邦公司发明了爆炸法，利用瞬时爆炸产生的高压和急剧升温，获得了几毫米大小的人造金刚石。

金刚石薄膜

金刚石薄膜的性能稍逊于金刚石颗粒，在密度和硬度上都要低一些。即便如此，它的耐磨性也是数一数二的，仅5微米厚的薄膜，寿命也比硬质合金钢高出10倍以上。如果在塑料或玻璃的外表面用金刚石薄膜做耐磨涂层，可以大大扩展其用途，开发性能优越又经济的产品。

更重要的是，金刚石薄膜的出现使其应用突破了只能作为切削工具的樊篱，其优异的热、电、声、光性能得以充分发挥。目前，金刚石薄膜已应用在半导体电子装置、光学声学装置、压力加工和切削加工工具等方面，其发展速度惊人，在高科技领域则更加诱人。

人造金刚石的制造

20世纪50年代通过高压研究和高压实验技术的进展，人造金刚石才获得真正的成功和迅速的发展。目前制造人造金刚石的具体方法多达十几种。按所用技术的特点可分为静压、动压和低压 3 种方法。按金刚石的形成特点可分为直接、熔媒和外延 3 类方法。

直接法

人造金刚石或利用瞬时静态超高压高温技术，或动态超高压高温技术，或两者的混合技术，使石墨等碳质原料从固态或熔融态直接转变成金刚石，这种方法得到的金刚石是微米尺寸的多晶粉末。

石墨

熔媒法

人造金刚石用静态超高压和高温（1 100～3 000℃）技术，通过石墨等碳质原料和某些金属（合金）作熔媒，反应生成金刚石。在工业上显出重要应用价值的主要是静压熔媒法。采用这种方法得到的磨料级人造金刚石的产量已超过天然金刚石。有待进一步解决的问题是增大粗粒比，提高转化率和改善晶体质量。目前正在实验室中用静压熔媒法研究优质大颗粒单晶金刚石的形成。

外延法

外延法制造人造金刚石是利用热解和电解某些含碳物质时析出的碳源在金刚石晶种或某些起基底作用的物质上进行外延生长而生成的。

加晶种外延生长法曾得到重 1 克拉左右的大单晶。用一般试验技术略加改进后,曾得到2～4毫米的晶体。采用这种方法还生长和烧结出大颗粒多晶金刚石,后者在工业上已获得一定的应用。其关键问题在于进一步提高这种多晶金刚石的抗压强度、抗冲击强度、耐磨性和耐热性等综合性能。

最坚硬的金刚石——媛石

2010年12月,日本科学家成功合成了世界上最坚硬的金刚石,其直径超过1厘米。这种圆柱形的金刚石是日本爱媛研究人员与住友电器工业公司合作的成果,被命名为"媛石"。媛石是目前世界上最坚硬的人工金刚石,比普通金刚石坚硬很多,因此可以应用于诸多工业活动当中。媛石的研究可以帮助人们进一步了解在地球深处高压高温条件下形成的碳元素单质晶体的机制;同时,作为一种工业用品,它的寿命也比普通金刚石长好几倍。

新材料产业
XIN CAILIAO CHANYE

新兴的功能材料

划时代的半导体材料

功能材料是指那些具有优良的电、磁、光、热、声等物理性能，以及化学和生物性能的材料。主要用来制造各种功能元器件而被广泛应用于各类高科技领域。

功能材料的品种繁多，琳琅满目，其中尤以半导体材料的社会功能最为突出。

为什么说半导体材料是“划时代”的材料

人类历史的发展，如按使用材料的意义来划分，可以有青铜时代和钢铁时代。青铜和钢铁是“划时代”的材料。尤其是钢铁材料，把人类社会从农业时代推进到工业时代。因为若是没有钢铁材料，就无法制造蒸汽机和一切用于减轻人们体力劳动的各种机械，也就没有工业时代。

同理，从工业时代跃进到信息时代，主要是由计算机产业推动的。在信息时代中，计算机的社会作用相当于工业时代的蒸汽机。机械化减轻了人们的体力劳动，而计算机化则减轻了人们的脑力劳动。使计算机具备今天这样空前强大功能的关键材料就是半导体，没有半导体材料，就没有现代计算机，也就没有信息时代。因此应该说，半导体材料是从工业时代发展到信息时代的划时代的材料。

半导体材料与计算机

1946 年世界上研制成功第一代电子计算机的时候，用了 18 800 只电子管，总重量有 30 多吨，是一个体积占满了约 170 米^2 的庞然大物，而运算速度只有 5 000 次/秒左右。显然，如此庞大的计算机，即使不考虑到它贵得惊人，也不可能放在办公室或家庭中使用，更不可能放到手机中去。

在 1948 年，美国科学家发现锗半导体器件的单向导电性能，并制成了半导体晶体管，用来控制和放大作用于晶体管的微弱电流。这就开始了用晶体管取代电子管，应用于计算机。从此，半导体的应用遍及电子工业的各个领域，使世界发生了翻天覆地的变化。

与电子管相比，半导体晶体管的体积只有它的几十分之一到千分之一，用电量是它的十分之一到百分之一，使用寿命则延长了 100～1 000 倍。所以与电子管计算机相比，半导体晶体管计算机的体积小，重量轻，寿命长，耗电少，可靠性高。因此，第二代半导体晶体管计算机一经问世，便如暴发的山洪一泻千里，奔腾向前。在半个多世纪里，从第一代计算机发展到第五代，几乎没有一种技术、工艺、设备的发展速度可以同它相比。

20 世纪 50 年代末，发明了集成电路，半导体电子器件有了一个突破性的进展。集成电路是把一个电路中所需要的晶体三极管、二极管、电阻、电容等分立元器件和连线，集中制作到一小块半导体晶片上，构成一个整体，叫作集成电路芯片。这就为实现电子设备的微小型化、低功耗和高可靠性创造了条件。

集成电路使电子计算机发展到第三代。1962 年制成了第一台集成电路计算机，该计算机每立方厘米装备的元件数增加了成百上千倍；到 1978 年就拉开了研制集成度超过 10 万个元件的超大规模集成电路的序幕。

以大规模集成电路为主要元件的电子计算机就是第四代电子计算机。同电子管计算机相比，大规模集成电路计算机的体积已缩小到几十万分之一，重量和功耗减少到几万分之一，价格下降到万分之一，可靠性却提高了万倍。

第四代电子计算机一方面向大的方向发展，出现了有很强的计算和处理数据能力的巨型计算机。它们每秒钟能运算几亿、几十亿次。主要用来承担重大的科学研究、国防尖端技术和国民经济领域的大型计算课题及数据处理

集成电路

任务。

另一方面，计算机又向小的方向发展，出现了微型计算机。像笔记本电脑这样的微型机，它已经深入到社会各个部门，影响着人类生产生活的各个方面。

新一代的第五代计算机正在发展之中，它是用超大规模集成电路和其他各种新型的物理元器件组成，它不仅具有极高的运算速度和极大的记忆能力，而且还有更接近人的人工智能。它们是研制智能机器人的基础。

半导体材料在信息时代扮演的角色

所谓信息时代，就是人们能自由掌控各种信息的收录、储存、运作、输送和显示等技术。如计算机技术，就是从输入信息开始，经过储存、运算、组合，再从计算机屏幕上显示出结果来；而电视技术，是从录制电视节目开始，然后把图像输送到各家各户，再从电视屏幕上显示出来。

所谓信息，不管是大自然的自然信息（日、月、星辰、风、雨、雷、电，以及各种景色等），还是人类的社会信息（语言、文字、数字、图表等），都是以光、声、热、电、磁等能量作为载体的。如色彩、风景、图画、文字等是以光波为载体，而说话、唱歌则是以声波为载体的。

能量的形态是可以相互转换的。作为信息载体的能量的转换，最常用的是把光、声、热等信号转换成电磁信号，经过储存和处理后，再输送和显示出来。在输出和显示的过程中，同时把电磁信号转换成光、声、热等形式。这就是我们掌控各种信息的基本原理和基本技术。而在能量载体的转换，以及信息的收录、储存、运作、输送和显示的过程中，半导体材料起了关键的作用。

无论在工厂、办公室、通信、交通，直到家庭生活（各种家用电器，乃至儿童玩具）中，凡是装有集成电路芯片的电器，都是信息时代的产物；反之，也正是这些集成电路芯片造就了信息时代。而在集成电路芯片中，半导体扮演了材料的主角。

半导体中的奥秘

半导体材料的导电性

为什么半导体材料竟能在造就一个信息时代中起到如此重大的作用？这与半导体材料的特性有关。在自然界的元素中，所有金属元素的外层电子都较少，在形成结晶后，这些外层电子可以在晶体间自由流动，成为“自由电子”。当加上外电压后，自由电子便会定向流动形成电流，所以我们把金属材料称为“导电材料”。它们的电阻很小，电阻率为 0.000 001～0.01 欧·厘米。

有些材料如塑料、陶瓷、橡胶、玻璃等，它们的内部没有自由电子，这时即使加上外电压，材料内部也不会产生电子定向流动的电流，这些材料就是“绝缘材料”。它们的电阻很大，电阻率在 1 亿～100 000 亿欧·厘米。

而半导体材料，因为有特殊的内部结构，使其导电性介于导电材料和绝缘材料之间，电阻率为 0.01 亿～1 亿欧·厘米。

半导体单向导电的意义

信息时代人们控制非电磁信息的手段是把光、声、热等信息通过传感器转换成电信号，经过处理后产生控制信号，以控制光、声、热等信息。这里，转换成电信号是关键。半导体器件的单向导电性，以及放大作用是对信息的调控手段。由半导体器件制成的数字控制系统精准而且速度快，在传感及信息传递技术上，远远胜过旧有的电子管垄断的自动控制系统，开创了微电子自动控制的先河。

后来居上的半导体硅

硅半导体后来居上

具有半导体性能的元素和化合物多得不胜枚举，但使用得最多的是半导体硅。这是因为硅不仅有良好的半导体性能，而且它的资源丰富。硅在自然界分布极广，约占地壳成分的25%。硅主要以化合物的形式存在于地壳中。

硅半导体的应用，最早是在1906年发明的硅检波器。从1950年开始，硅晶体管大量出现，到20世纪50年代后期，硅半导体材料和器件的生产和应用超过了锗，成为后来居上的半导体材料。

硅半导体的应用

硅半导体是当前全球半导体产业、电子信息业和太阳能光伏电池产业中最主要、最基本的功能材料。在晶体管、整流二极管、可控硅、太阳能电池、集成电路等器件中，硅半导体都是关键的材料。在全球半导体市场上，95%的半导体器件及99%的集成电路用的是硅半导体。

半导体材料为人类造就信息时代作出了贡献，其中硅半导体是当然的第一主力。不仅如此，硅半导体还将为人类再一次的时代跃变立新功，那将是由硅太阳能电池的产业化大发展所推动的。

用硅半导体为原材料制造太阳能电池，主要有单晶硅、多晶硅和非晶硅等。单晶硅光伏电池的质量优于多晶硅，主要表现在它的光电转换率高于多晶硅电池。但单晶硅电池的生产成本也高于多晶硅电池。

硅晶体的生产工艺

虽然硅是地壳中含量最多的元素，但自然界中不存在单体硅，地壳中的硅多呈氧化物或硅酸盐状态。因此硅晶体的生产必须从硅的提炼开始。根据提炼的纯度不同，硅产品分成3个档次：最粗的是冶金级硅，纯度为90%～

沙的主要成分即二氧化硅

99%，也就是工业用硅；其次是太阳级硅，纯度为 99.99%～99.999 9%，用于光伏电池；最高是电子级硅，纯度为 99.999 9%以上。

工业硅的生产工艺

把石英砂（二氧化硅）和碳一起加入电弧炉中冶炼。由于碳的还原作用，便生成工业硅和二氧化碳。

多晶硅的生产工艺

把工业硅粉碎，得到粗硅粉。粗硅粉中加入无水盐酸后，在高温下合成三氯氢硅。接着对三氯氢硅进行多级精炼，以提高其纯度。然后把净化后的三氯氢硅采用高温还原工艺，在 1 050～1 100℃的还原炉中，用超高纯的氢气，把三氯化硅还原成多晶硅和氯化氢。

单晶硅的生产工艺

生产单晶硅需用多晶硅为原料，经过拉制而生产出来。拉单晶的方法是通过电阻加热，将装在石英坩埚中的多晶硅熔化，并保持略高于硅熔点的温度。把籽晶接触熔硅，然后以一定的速度，旋转着向上提拉籽晶。经过引晶、缩颈、放肩、等颈生长、收尾、降温等工序，便可得到单晶硅产品。

硅产业的瓶颈

总体来说，硅产业的瓶颈在于需要进一步提高质量（主要是提高光电转换率）和降低成本。当前光伏太阳能发电的电价仍高于火力发电与水力发电的电价。欲降低太阳能发电的电价，关键在于降低光伏电池的成本价。而提高晶体硅的质量和降低成本的主要途径是采用各种新工艺。如拉单晶工艺中的连续加料直拉生长技术、磁性直拉技术和惰性液体覆盖直拉技术等。

我国的光伏产业经历了成长过程中的曲折和坎坷。近年来，我国光伏产业先是经历了一个迅猛发展期，国内有上千亿元投入光伏产业。但由于没能掌握核心技术（多晶硅提纯技术），造成"两头在外"（原材料从国外进口，产成品需出口到国际市场），我国企业只能赚取"加工费"的被动局面。

金融危机爆发，由于国外市场大幅萎缩，无情地打击了国内的光伏产业，导致国内不少光伏企业瞬间崩塌，中国企业付出了惨重的代价。国内企业巨

屋顶上的太阳能电池板

额投资损失的教训告诉我们，对于新兴产业的发展首先必须掌握核心技术。

硅产业的前景展望

人类历史从以钢铁产业为基础的工业时代，进入以半导体材料为基础的信息时代，从 19 世纪跨入 20 世纪，半导体材料，尤其是硅半导体，起了关键的促进作用。

计算机与其他信息设备的主体元器件仍是硅基的集成电路芯片。这种需求是长久不衰的。

硅产业的另一前景在硅光伏电池。随着地球上化石能源的日渐枯竭，太阳能新能源产业的兴建已列入日程。其中光伏发电是颇被看好的技术(另外的技术如阳光聚热发电等)。必将大量兴建的光伏电站的主材是硅。我国目前硅光伏电池年产量约 400 万千瓦，仅够建一个 50 万千瓦光伏电厂，相当于一个小火电厂规模。若要使绿色能源的光伏总发电量达 500 万千瓦(相当于一个大中型火电厂)，现有光伏电池产量至少要增加 10 倍！由此可见硅产业的前景是非常令人乐观的。

光纤通信

从电通信到光通信

19 世纪末，人类开始掌握了无线电通信技术。在无线电通信中，使用的波长越短，意味着可以“运载”的信息越多。因此，无线电技术的发展史，就是人类使用的波长不断缩短的历史。

当人类社会进入信息时代后，发生了“信息爆炸”，信息量成百上千倍地增长。这时，无线电通信在信息流通中所能运载的信息量，就远远不能满足信息时代的需求。科学家就希望能找到更短的电磁波进入通信领域。

光纤

这更短的电磁波就是光波。电磁波家族里有很多成员，按照波长的由长到短，分别是无线电波、红外线、可见光、紫外线、X 射线和 γ 射线。其中可见光的波长范围在 400～760 纳米，位于无线电微波波段与 X 射线波段之间。

那么到底怎样利用光来通信呢？1960 年以前，科学家们试验在大气中进行光通信，他们用激光作载波，用大气为传输媒介。发现激光载波没有问题，问题出在大气这一传输媒介上，由于大气中干扰太多，往往无法正常工作。

以后，科学家便把目光转入地下，试验用透镜或反射镜装在地下的导管中制成“波导系统”，企图让光在波导系统中传输。这思路实施起来却困难重重。

正当人们对光通信的研究进入低谷时，光导纤维问世了，这才使光纤通信技术成为信息时代的一大亮点。

奇妙的玻璃纤维

1966年,高锟博士提出了利用透光物质的细丝来传导光波的设想。他认为,电可以沿着导电的金属导线传输,那么光也应该可以沿着能导光的玻璃纤维传输。这就是现在使用的“光导纤维”,简称“光纤”。1970年以后,光纤通信的研究进入了高潮,为信息化时代的到来作出了重大贡献。

在应用中发现,由于光纤很细,直径同人的头发丝差不多,很柔软,可弯曲。它既防止了大气层干扰造成的影响,又克服了地下透镜或反射镜波导带来的困难,而且生产工艺不太复杂,价格又不贵,实在是一种理想的光通信传输媒介。

光通信的原理

光是走直线的,那么光是怎样能够在曲曲弯弯的光纤中传输的呢?

原来,当光遇到不同的介质时会发生反射和折射。科学家们正是利用了光的反射和折射,迫使光老老实实地在光纤中传输。

办法是在光导纤维的外层包上一层折射率低的包层。这样,当光按一定的角度从光纤的一端输入,由折射率高的纤芯射向折射率低的包层时,就会在界面上全部被反射回来,反射光碰到对面的界面,又会发生全反射。如此不断地来回反射,始终被紧紧地“封闭”在光纤的纤芯里,迅速传向遥远的另一端。这就是光在光纤中传输的基本原理。

但是光纤通信又是怎样完成通信的全过程的呢?

这里以光纤电话为例:

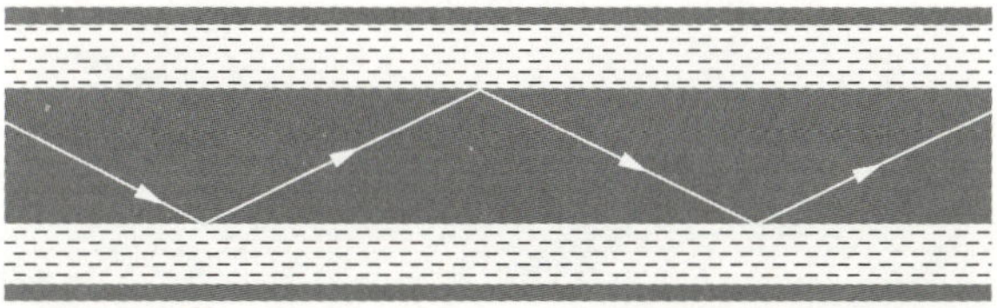

光线在光纤中的行进

中央深色为折射率较高的光纤,纤外为折射率较低的包层。根据光折射定律,光线在光纤中全反射,作折线行进(颜立平 绘)

电通信电话(普通电话)的工作原理是,话筒把话音变成电流,电流经放大后由电话线传到对方,听筒再把电流还原成原来的声音。这就完成了一个单方向的通信过程。

光纤电话与普通电通信电话非常相似,只是普通电话电线上传输的是电,而光纤电话光纤上传输的是光而已。这里就需要增加两项步骤:一项是当电话话筒接收到话音变成的电信号后,把电信号变成光信号;另一项是当光信号传输到听筒后,再把光信号还原成电信号。

光通信的好处

光纤电话比普通电话还多了两个步骤,增加了麻烦,有什么好处呢?

马路越宽,交通运输能力也越大。如果把通信线路比作马路,那么电通信好比羊肠小道,而光通信犹如康庄大道。目前容量最大的电信系统只能传送十来套电视;而光通信的实际容量,传几十万路电话或几千路电视是不成问题的。

通信容量的大增是光纤通信的最大优势,它解决了信息时代信息量"爆炸",引起传输困难的矛盾。光纤通信除了容量大以外,还有许多优点,如安全保密,光通信设备的重量轻,抗干扰,信号不失真,体积小,造价低,省钱,省料以及便于安装等。

光纤产业

通信事业的发达可为国民经济带来巨大的效益。由于通信设施的改善所创造的财富，相当于改善设施所需投资的数倍。

光纤通信的应用

光纤电话

光纤通信最先用于市内电话局之间的传输线路。对于人口大国的我国，由于光纤通信使电话的容量增大，不仅使城市中每个家庭都可以装上电话，而且农村也已成为光纤电话的重要应用领域。

除了市内电话和农村电话大量安装使用外，传输容量大、中继距离长的光纤通信还特别适用于长途干线信息传输。故现在有了光纤通信后，打长途电话与打市内电话同样方便。

电气化铁路

海底光缆

海底光缆系统在技术和经济上都优于海底铜线电缆系统，所以发展特别迅速。由于海底光缆具有衰减小、传输容量大、中继距离长、体积小、重量轻、抗电磁干扰、可靠性高及适合数字化传输等诸多优点，到目前为止，全球已有几十个规模不等的海底光缆项目已经投入使用或正在建设。

铁路通信

铁路通信网的特点是结点多，分支、插入话路频繁，组网方式多种多样，传输信号各异。尤其是电气化铁路，对通信提出了更高的要求，如不受电力机车强电磁干扰，除了传输语音、数据以外，还要传输列车运行的长距离无人监控的图像信号。除了光纤通信，没有哪一种通信方式能满足这些要求。

光纤

军事通信

在军事通信中，保密性是第一位的，而无线电通信几乎没有保密性可言，只有光纤通信能保证保密性和安全性。

光纤电视

光纤电视不仅传输的容量大，而且还能改善弱信号地区的接收效果。

光导纤维的生产工艺

目前常用的光纤都是用石英玻璃制作的石英光纤。石英的化学名称叫二氧化硅，制作光纤要用纯度极高的二氧化硅，或用掺有微量其他金属氧化物的二氧化硅，以增加折射率。

石英光纤的制造工艺主要包括 3 个过程：熔炼、拉丝和套塑。

熔炼

熔炼的目的是制得一根直径为 1 厘米左右的石英玻璃预制棒。办法是使四氯化硅和氧在高温气体状态下，发生氧化反应，即可制得二氧化硅，同时放出氯气。这比用水晶、砂子等天然物质做原料制取纯净的二氧化硅要方便经济得多。

拉丝

一般拉制光纤都是采用把预制棒放在高温炉中加热软化的方法。预制棒放在拉丝机的顶端，由送料机以一定的速度送进加热炉。加热炉把预制棒加热到 2 000℃左右，棒的下端就开始熔化，并逐渐下垂成为纤维。接着经过处理，由牵引辊收丝并控制拉丝速度，最后卷绕在卷筒上。为避免玻璃丝的脆性，需要在光纤的表面涂上一层有机化合物，如环氧树脂、硅橡胶等。光纤刚从加热炉中拉出来时，就给它穿上一层“塑料衬衣”，这叫预涂覆层。

套塑

光纤经过预涂覆后还需再穿件外衣，即第二次涂覆，叫“套塑”。套塑时常用尼龙或聚乙烯等材料。

为了提供工程使用，也可以把若干根光纤组合在一起制成光缆。光缆的中心有一根钢丝一类的加强芯，加强芯周围分布着光纤，用一些保护材料包上，外面再套上厚塑料护套。如果光缆用于地下长途直埋，或在海底水下铺设，还必须在光缆的外面加上钢带铠装，缠上防腐材料，或采取其他保护措施。

除了石英玻璃光纤外，还有一种塑料光纤。这种高分子透明聚合物重量轻，成本低，柔性好，加工方便，但传输损耗比石英光纤大。

我国光纤光缆产业发展的瓶颈

我国的光纤光缆产业从诞生之初就命运多舛。起步阶段市场需求小，原材料受控于国外，光纤产业受到销售市场和原材料市场的双重挤压，起步非常艰难。随着“光进铜退”的启动，大量非理性资金砸向这个仍处于“稚子”时期的产业。这时，国内产能的大力提升与全球市场的大幅萎缩着实让光纤企业感受了一次刺骨的寒冬。

当市场需求从供过于求向供需平衡发展时，低价怪圈又给企业套上了“紧箍咒”：劳动力成本刚性增长，原材料价格翻番，但产品价格却一直在走低，企业获利空间被大幅压缩。

造成低价怪圈的主要原因是不合理竞争。好在该产业的市场瓶颈已得到有关部门的重视，认为光纤企业应尽早从低价竞争中脱离出来，摆脱以市场占有率为目标的发展模式，注重对研发和人才的再投入，实现企业自身的良性循环。同时，相关管理部门也应充分发挥其在促进产业发展方面的积极作用，出台有关的政策和制度。一方面规范市场运作，加强市场监督；另一方面，为发展困难的企业提供帮助和支持，为产业整体发展提供必要的保障。

迈向新的高度

光纤通信发展至今才 30 多年，应该说还处于“青年期”，平均每年以30％的速度增长。今后的发展方向，第一目标是实现超高速、长距离传输，长远的发展方向是向无线化发展。既然电通信从有线发展到无线，那么光通信也有可能发展为无线光通信。

奇妙的液晶

十多年前，液晶还是个陌生的名字，今天，在家电商店的彩电区，几乎清一色的都是液晶彩电。而且价格也下降得很快，过去卖上万元的液晶彩电，现在一两千元就可以买一台。

近年来，科学家已发现了几万种液晶材料，如今液晶材料已渗透到人们生活的各个领域，手表、计算机、广告牌、电视机……无一不和液晶材料打交道。液晶已成为高新技术的“宠儿”了。

液晶的发现

1888年，奥地利植物学家莱尼茨尔正专心研究胆甾醇苯甲酸酯（一种呈晶体状的有机物），准备观察它熔解和结晶的全过程。他先将胆甾醇苯甲酸脂加热，发现温度升到145.5℃时，它熔解了，但得到的液体既黏稠又混浊，而且还会发出彩色的光辉。再加热到178.5℃时，莱尼茨尔又惊奇地发现，彩色光辉突然消失了，液体也一下子就变得透明了。

看来，这种有机晶体的熔解过程不是“一步到位”的，它在145.5～178.5℃时，不仅会成为黏稠的液体，而且还显示出“双重性格”——既有液体的流动性和液体才有的表面张力，又有晶体所具有的光学特性，分子排列也似乎是有规有矩的。

以后莱曼接过了这一研究课题，进一步确认了这种材料的液体和晶体的双重性格，故为它取名为“液晶”。从此，液晶这一名词就叫开了，一直沿用至今。

液晶是物质介于液态与固态之间的另一种状态。按液晶的来源，可以把液晶分成两大类：一类叫热致液晶，这类液晶都是由晶体加热而形成的；另一类液晶叫溶致液晶，这类液晶是通过加入溶剂，如水、酒精等，由溶剂和溶质相互作用所形成的液晶。

液晶的共性

不同结构的液晶，其性能各不相同。但无论哪一类液晶，都有两个共同之处：双折射和敏感性。

双折射是液晶物质的光学特性，会使物体产生重影。同时，双折射也使大部分液晶都显现出五彩缤纷的颜色。

另一共性是液晶的敏感性。所有的液晶对机械力都十分敏感，例如许多向列型液晶，用手一摸，它的纹理就会加深，手一离开，纹理就变浅或消失；液晶对磁场和电场也十分敏感。若将液晶制成薄膜，放在玻璃片上，当外加电场加大时，液晶会出现纹理，并不断加深。

正是由于液晶太敏感，甚至达到娇嫩的地步，它几乎弱不禁风，有的怕热，有的怕空气……因而长期以来无法被利用。直到 20 世纪 60 年代以后，由于高科技的发展，液晶才被广泛应用。

液晶的应用

20 世纪 60 年代末，美国赫尔大学的格雷教授研发出了第一代液晶显示器。液晶显示器说来也简单，它就是在两块透明的玻璃中夹上很薄的一层液晶材料，再在两块玻璃上覆盖一层透明的铟氧化锡氧化物导电层。当在玻璃两端施加电场或磁场时，液晶的分子排列就会发生变化，这时它就会显示出数字、颜色、纹理、图案等。

格雷教授研发的液晶显示器的专利很快就卖给了美国奥波泰尔公司，该公司于 1971 年制成世界上第一批液晶商品——DS 型液晶显示器，它可显示 4 位数字。

1972 年美国微电子公司生产的手表是最原始的电子手表，它首次把液晶显示器应用到手表上。此后，使用液晶显示器的多功能手表也纷纷登上市场。除手表上应用液晶显示器外，电子钟、电子计算器、电子秤、电话、照相机、玩具、电子学习机、计算机、打印机、示波器、电视机等也都用上了液晶显示器。

与其他显示材料相比，液晶显示器有它的特殊优越性。首先，表现在它

液晶显示数字

的工作电压、工作电流、功耗都很低，用一个钮扣大小的电池，就可以工作2～3年。其次，液晶显示器价格低廉，显示清晰。因此，大家都喜欢用液晶显示器。

正因为液晶显示器的工作电压低，只需一至几十伏特电压就可以使屏幕显示图像，同时由于液晶的电阻也很小，所以才可能研发出轻型的挂壁电视。大型的挂壁电视依靠的是液晶与激光技术的联合。由半导体产生激光，将图像记入40毫米^{2}的液晶元件上，然后通过透镜将图像放大后在屏幕上显示。

超导材料

超导材料的问世

现代人的生活离不开电，电力必须靠良导体传输。最为人们熟悉的金属铜和铝的导线是当前主要应用的导电材料。然而再优良的导电材料也有电阻存在，故在导电过程中，总有至少10％～20％的电力消耗于电阻。如何找到一种完全没有电阻的导电材料一直是物理学家和材料科学工作者梦寐以求的。

1911年荷兰科学家昂尼斯在研究汞在低温下电阻行为的实验时发现，当试验温度降低到氦的沸点（－269℃）时，汞的电阻突然降为零。

汞在超低温下电阻为零的奇异特性称为“超导电性”，凡是具有超导电性的物体称为超导体，而超导体开始失去电阻的温度为超导临界温度。

低温超导与高温超导

最初发现的超导材料，需要置于－269℃时才能出现超导现象，这样的低温很难有实用意义。为此科学家们在寻求超导材料时，同时探索能在较高温度的条件下出现超导现象的超导材料。

1986年以后，科学家们依次发现了能在－243℃、－236℃、－220℃等具有较高超导临界温度的超导材料，直到发现超导临界温度高于－195.7℃的超导材料，这是一个重大突破。通常临界温度高于－195.7℃的超导材料称作“高温超导材料”。所谓“低温”和“高温”是一个相对的概念，实际上高温超导材料的工作温度也是远低于室温的。

为什么高于－195.7℃的超导材料就有了实用价值了呢？这是由于－195.7℃正是液氮的沸点。材料若能在液氮温区中工作，就有了在生产中实用的价值。因为液氮相比液氦不仅生产工艺简单，而且经济效益高，成本低。液氮的成本仅为液氦的20％，而效率却提高了20倍。空气中氮的原料取之不尽，设备技术简单，为超导广泛实用化提供了重要前景。因此，我们把在液氮温区工作的超导材料称作高温超导材料。

到目前为止，已发现的高温超导材料品种不少，其中有金属单体，如某些稀土元素；或是合金，如铌钛合金、铌锆合金等；或是化合物如铌三锡、铌三镓等；或是超导陶瓷，如铜氧化物陶瓷；或是超导有机化合物，如掺入碱金属或碱土金属的碳 60 等。

超导材料的应用

20 世纪 60 年代，超导材料的应用研究逐步展开，到 20 世纪 80 年代中后期，高温超导研究的重大突破引发了超导材料大规模应用研究的热潮。由于超导电性在技术应用上具有不可替代性，因此，超导材料就有着巨大的应用前景和经济效益。

超导发电机

将超导体做成线圈，由于它的零电阻特性，可在截面较小的线圈中，通以大电流，形成很强的磁场，这就是超导磁体。现在，超导磁体已成功地应用在制造超导发电机上。

超导发电机的构造与常规的同步发电机大致相同。所不同的是，超导发电机的定子线圈和转子线圈都是用超导体制成的，使其输出功率大为提高，比常规发电机的功率提高 20 倍以上。

超导发电机还能减少能量消耗，节约原材料，降低成本。例如，一台 6 000 千瓦的常规发电机重 370 吨，而同样功率的超导发电机仅重 40 吨，可以降低成本 50%左右。

电能的储藏

用电单位对电力网总输出功率的需求在时间上是不平衡的。节假日和平常不同，即使在一天内，白天和夜晚的用电量也显然不同。这就造成很大的浪费，据估计，浪费高达总发电量的 50%。最佳的解决方法是找到一种储存和调节电能的手段，能够将用电低谷期电站发出的多余电力储存起来，以供用电高峰期改进电力系统的稳定性。

电能的直接储存有多种方法，它们各有优缺点。相比之下，超导储能在技术上独具优势，它可以无损耗地储存巨大的电能，调节高低负荷，其效率可达 90%以上。还可以使用超导磁悬浮轴承建立无摩擦飞轮储存机械能，得到更大的储能密度。

超导量子干涉器

利用超导隧道效应，人们可以制造出世界上最灵敏的电磁信号探测元件和用于高速运行的计算机元件。用这种探测器制造的超导量子干涉磁强计，可以测量地球磁场几十亿分之一的变化，能测量人的脑磁图和心磁图，还可用于探测深水下的潜水艇，放在卫星上可用于矿产资源普查，通过测量地球磁场的细微变化为地震预报提供信息。

超导材料还能用于传输大电流，用于专门的短途输变电电路，能大为降低线路损耗。用于磁悬浮列车的超导磁体，是研制磁悬浮列车的关键材料。

超导用于长途输变电，至少在目前是不现实的，因为输电线路创建低温环境所耗费用，可能远高于零线路损耗的收益。但也是值得探讨的技术：寻找大于－195.7℃的高温超导材料，及将来制造用液氮为护套的电缆，以实施地下或海底低压大电流输电的设想也可能在将来实现。

新材料产业
XIN CAILIAO CHANYE

千姿百态的高分子材料

年轻的高分子材料

什么是高分子材料

高分子材料是一种相对分子质量比一般有机化合物高得多的物质。一般有机化合物的分子质量只有几十到几百，高分子化合物的分子量高达上万甚至上百万。巨大的分子质量赋予这类有机高分子以崭新的物理、化学性质。于是人们将它制成塑料、橡胶、纤维、复合材料、胶黏剂、涂料等一系列性能优异、丰富多彩的制品。

高分子化合物是以碳为骨干而形成的大分子。在高分子化合物中，碳原子互相结合形成"碳链"，根据碳链的形式不同，就形成了各种不同的高分子化合物。碳链归结起来可分成三大类骨架。

线性骨架 包括直线链、螺旋线链、线团式链等。由碳的线性骨架形成线性聚合物，它们就是各种合成纤维。

支化骨架 是主链上分出几个支链，并且支链还会分出支链的骨架。由碳的支化骨架形成支化聚合物，它们就是各种热塑性塑料。

交联骨架 是两条以上的线性链被许多短碳链横向连接起来的骨架。由交联骨架形成的交联聚合物，表现为热固性塑料和橡胶。

快速发展的高分子材料

高分子材料的迅速发展始于 20 世纪 30 年代。1930 年科学界确认了高分子概念。自 20 世纪 50 年代开始，由于石油化工业的发展，为高分子材料的工业生产提供了丰富的原料来源。人们把从煤焦油中获得高分子原料改为从石油中得到，实现了高分子合成的大型化、连续化、自动化和高速高效，使高分子材料的发展进入全盛时期。单以塑料为例，在过去的 50 年间，产量猛增了 100 多倍。

在当前的工业、农业、交通、运输、通信乃至人们的生活中，高分子材料与金属、陶瓷一起并列为 3 类最为量大面广的重要材料。

从确认高分子的概念起，到高分子材料产业成为国民经济中举足轻重的产业，前后总共只用了50年左右的时间，其发展速度之快，对人类生活各领域影响之深入和广泛，在当前各项高科技中发挥作用之重大，是一般传统材料所难以比拟的。

优异独特的性能

质量轻，自重小　这对要求减轻自重的飞机、导弹、人造卫星、宇宙飞船和高层建筑等有特别重要的意义。

良好的电绝缘性能　在电子和电工技术中合成高分子材料已大量取代了由天然橡胶制作的绝缘材料。

优良的隔热保温性能　高分子材料的热导系数远比金属低。其所制成的泡沫塑料是十分理想的隔热体，在冷藏、建筑、节能装置中广泛用作保温材料，在火箭、导弹、宇宙飞船中则是优良的热防护材料。

良好的化学稳定性　高分子材料具有抵抗酸、碱、盐溶液和蒸汽等腐蚀的功能，如有“塑料王”之称的聚四氟乙烯，可以抵御有极强腐蚀作用的王水的腐蚀。

慕尼黑街头高52米的碳纤维结构雕塑

宽范围内的力学可选择性　现有的高分子材料有很宽的力学可选择性，其中工程塑料的强度更高。若以30%的碳纤维增强时，其比强度是金属材料难以比拟的。

突出的减震阻尼性质　高分子材料具有良好的减震消声性能，广泛应用于运动机械和建筑物中，例如潜艇机房内噪声的消除，即借助于高阻尼的高分子材料。

良好的耐磨耐疲劳性质　密度只有铜的1/7的尼龙（聚酰胺）1010，其耐磨性是铜的8倍，而氟塑料的摩擦系数更低。这些塑料有优异的自润滑功能，是制造齿轮、轴套、滑块和运动密封件的良好材料。

原料来源广泛、加工成型方便、成本低 高分子材料的原料主要为石油、天然气和煤。高分子产品的加工成型十分方便，与金属或其他材料的加工过程相比，具有高速、高效、低损耗的特点。

漂亮美观的装饰性 高分子材料可以通过添加色料或镀色的方法，获得丰富多彩的颜色和制成各种美观的图案。

高分子材料的种类

合成纤维

在短短的几十年里，人造纤维走过了从奢侈品、代用品到普及品的历程，成为人们的主要衣着材料。

现在一般把合成纤维分成 6 个大类：聚酰胺纤维（锦纶）、聚丙烯腈纤维（腈纶）、聚对苯二甲酸乙二醋纤维（涤纶）、聚丙烯纤维（丙纶）、聚乙烯醇缩甲醛纤维（维纶）和聚氯乙烯纤维（氯纶）。近年来出现的聚对苯二甲酰对苯二胺（芳纶）纤维，由于它的强度是钢的 5 倍，在 260℃ 的高温下可以连续工作等特点，在航空航天事业上大显身手。

合成橡胶

橡胶分为天然橡胶和合成橡胶两类。对于天然橡胶来说，一棵橡胶树要经过 7～8 年的培育才能进入产胶的旺期，而每产 1 万吨天然橡胶需要 3 000 株橡胶树，因此严重地限制了橡胶业的发展。

20 世纪 20 年代科学家们研制成合成橡胶，它可以用石油或天然气为原料生产出来。合成橡胶按用途一般分为通用合成橡胶和特种橡胶两类。

通用合成橡胶由于其成本低廉，产量又高，因而大量应用于工农业生产和日常生活。通用合成橡胶产量的一半都用于汽车、拖拉机等的轮胎。

另一类为特种橡胶，它们各自具有特殊的性能，如耐高温，耐酸、碱、油及化学品，可以用于苛刻的特殊环境，如海底、矿井、外层空间等。常用的特种橡胶有乙丙橡胶、氟橡胶、硅橡胶等。

工程塑料

工程塑料不同于生活日用塑料，必须能耐一定的高温（100℃以上），并具

割胶

有一定的强度和刚度的塑料才算工程塑料。

工程塑料，特别是多种组元重新聚合后的工程塑料，具有许多优异的性能：比强度高（聚酰胺纤维的比强度是钢的 1.5 倍左右）、化学稳定性好、优异的电绝缘性、优良的加工性能，以及相对密度低等。

功能高分子材料

所谓功能高分子材料，就是在构成高分子的主链和侧链上有一些特殊的功能基团。由于其所含的功能基团不同，功能高分子材料的化学性能、光敏性能、导电性能、催化性能、药理性能等也大不相同。

高分子抗蚀材料　光致抗蚀材料是制作集成电路板的关键材料。

导电性高分子材料　一般来说，高分子材料大都是绝缘体。近些年来，科学家研制出了高分子的半导体。与金属、非金属半导体相比，高分子半导体不仅成本低，容易加工，而且有可以弯曲，可以形成薄膜，透明，有黏着性等特殊的性能，已被广泛地应用。

高分子膜材料　高分子膜材料的出现，使传统的分离技术和浓缩技术发生了巨大的变革，尤其在海水淡化和污水处理等技术上有了突破性的进展。

功能高分子材料的种类繁多，如有机光导纤维、保湿高分子材料和医用高分子材料等。

新型高分子材料

液晶高分子材料

液晶显示屏已深入到千家万户。其实液晶材料的用途远不止用于显示屏，如用高分子液晶态加工成型的材料有着十分惊人的机械强度。在医学领域中对液晶的研究更是一个广阔的领域，要知道，人的大脑中就有 1/3 的物质呈液晶态。

热塑性弹性体

这是一种既有良好的塑性，又有良好的弹性的新材料。这种材料既优于塑料又优于橡胶。目前热塑性弹性体主要应用于改良工程塑料的性能。把热塑性弹性体与工程塑料熔合在一起，能改变工程塑料的冷脆性，使之耐高温、增强韧性和改善加工性等。

有机硅

有机硅是一大类含有硅元素的有机化合物。有机硅化合物具有许多优良的性能，如耐高温、耐低温、耐老化、电绝缘性、疏水性等，属于精细化工产品。目前有机硅已深入到工业、农业、国防和科学技术以及日常生活的各个方面。

胶黏剂

能够把同种类和不同种类的固体材料的表面紧密连接在一起的物质称为胶黏剂，也叫黏合剂。

胶黏剂的应用

一架超音速飞机凌空而过，刹那间消失得无影无踪。原来飞机的主体部位采用了新型航空材料——蜂窝夹层结构的板材。这种既轻巧又结实的蜂窝夹层板材借助于胶黏剂，将六边形的蜂窝芯子和铝质蒙皮紧密胶接成一个整体。

夜晚的上海大剧院在灯光照耀下，熠熠生辉，这是因为它的外墙采用了玻璃幕墙。这种玻璃幕墙就是用胶黏剂将玻璃和金属框架黏合在一起的。

胶黏剂在我们生活中充当的角色可是太重要了，无论是天上飞的，水中航行的，路上跑的，还是身上穿的，家里用的，或者是医药卫生、建筑施工，都离不开胶黏剂。过去人们使用的胶黏剂大多含有溶剂，现在已经向无溶剂

上海大剧院

型、水基型发展，胶黏剂给我们生活带来的是更安全，更方便。

胶黏剂能够黏合的材料很多：金属、各种合金、玻璃、陶瓷、木材、皮革、塑料和橡胶等。黏合时，一般对黏结面用砂纸打磨和表面清洁后，用胶黏剂直接黏合就可以。对于黏合强度大，耐久性良好的，或者两种被黏合材料性质差别大的，则对被黏材料的表面需进行特殊处理，如喷砂、涂表面处理液，然后再用胶黏剂黏合，就可以得到很好的黏接效果。

合成高分子胶黏剂

胶黏剂这个家族的老一辈成员大都是在大自然中生长的，如松香、树胶、动物骨皮熬制的明胶等，统称为天然高分子胶黏剂。已经有几千年历史的天然高分子胶黏剂，现在已经让位给了新兴的一代——合成高分子胶黏剂了。

合成高分子胶黏剂的出现距现在仅有100多年，但发展十分迅速，种类也很多：有树脂类，如环氧树脂、酚醛树脂、脲醛树脂等；有合成橡胶类型，如丁腈橡胶、氯丁橡胶等。有意思的是，这两类胶黏剂又攀上了亲家，出现了树脂-橡胶混合型胶黏剂，如丁腈酚醛胶黏剂，这样又衍生出许多胶黏剂品种。合成高分子的发展，使高性能胶黏剂的品种层出不穷，像有机硅、聚氨酯和丙烯酸酯等胶黏剂已经大量应用。

胶黏剂家族中还有一类称为无机胶，它们的性能与天然和合成胶黏剂都大相径庭，它们特别耐高温，但比较硬脆。

胶黏剂的优缺点

使用胶黏剂的好处可多啦！利用胶黏剂可以有效地将不同种类的金属和非金属连接在一起，这是用电焊的方法难以做到的。黏接是通过胶黏剂均匀地分布在黏接面上，不像焊接那样存在应力集中的问题，因此能提高黏接件的抗疲劳寿命。选用功能性胶黏剂还能赋予黏结面特别的性能，如导热、导电、导磁、绝缘等。

当然，胶黏剂也有局限性，例如与焊接相比，胶黏剂的黏结强度不如焊接高；耐高低温的性能有限，一般使用温度在－60～200℃；在光、热、空气及其他因素作用下，胶黏剂会老化，影响使用寿命。另外，当胶黏剂用作室内装修和制作胶合板、家具时，有些胶合剂会挥发出致癌的气体，导致对环境的污染，这就大大制约了胶黏剂的使用。

我国的胶黏剂产业

目前，胶黏剂使用量最大的仍然是建筑建材和室内外装饰装修行业，约占我国胶黏剂总产量的28%；其次是包装及木材加工业，胶合板、密度板、家具等大量使用酚醛树脂和脲醛树脂；交通运输业和装配行业对胶黏剂的市场需求量在不断扩大；而增长速度最快的，主要是应用在风能、太阳能等新能源领域的胶黏剂产品上。

当前我国正处于经济快速发展阶段，现代工业建设和先进科技发展都需要大量的高性能胶黏剂。发达国家的跨国公司纷纷将胶黏剂的生产装备与技术，战略性地转移到中国，并占据了国内胶黏剂市场的较大份额。在中国胶黏剂市场，多数通用型产品处于供大于求的局面，而对于高性能、高品质胶黏剂，其需求量仍不断增长，并应用于新能源、电子电器、机械、汽车、航天航空等新兴产业。

我国胶黏剂的生产企业已超过800家（不包括年销售额≤500万元的企业），但规模以上企业（年销售额≥1.0亿元）却不足150家。我国的中小型胶黏剂生产企业主要生产通用型、中低档次胶黏剂产品，由于技术和管理水平的限制，很难应对现代化生产和市场竞争的挑战。故胶黏剂产业的发展方向是企业应不断提高科技创新能力；把握产品调整和研发方向；大力发展高新技术型和环保型胶黏剂产品。

特种塑料

特种塑料是指具有特种功能，可用于航空航天等特殊应用领域的塑料。如氟塑料和有机硅具有突出的耐高温、自润滑等特殊功用；增强塑料和泡沫塑料具有高强度、高缓冲性能，这些塑料都属于特种塑料的范畴。

氟塑料

氟塑料是部分或全部氢被氟取代的链烷烃聚合物，它们有聚四氟乙烯、全氟共聚物、全氟烷氧基树脂和聚三氟氯乙烯等。

在种类繁多的塑料中，氟塑料的性能最全面，尤其是耐热、耐寒、耐化学腐蚀、耐磨、不黏性、电气绝缘、高频介电等性能最为出色，故有“塑料王”之称。氟塑料广泛应用于化工、电工、机械、航空航天开发技术领域，近年在家庭用品方面的应用也越来越引人注目。

有机硅

有机硅是一种半无机、半有机的高分子材料，这就使它具有其他材料无法同时具备的安全性、阻燃性、介电性和耐高低温等优异性能。各具特色的硅油、硅橡胶、硅树脂及其再加工产品有近万个品种，组成有机硅系大家族。

由于有机硅具有特殊的优异性能，使之在不少场合成为不可替代的材料。如用有机硅涂覆光导纤维外层的成功，才使光导纤维进入实用阶段；地下铁道使用的变压器若不使用硅油，就容易发生爆炸；高层建筑幕墙玻璃、室内电线电缆穿洞口等则采用有机硅密封胶封口以防火；纺织品和羊毛衫若不采用有机硅整理剂进行高级整理，则很难进入国际市场；一台电视机至少需用十几个品种的有机硅；一辆小汽车至少有30多个部位需用到有机硅。

泡沫塑料

泡沫塑料分为硬质、半硬质和软质泡沫塑料。硬质泡沫塑料没有柔韧性，压缩时，只有达到一定的应力值才产生变形，应力解除后不能恢复原状。软质泡沫塑料富有柔韧性，很容易变形，应力解除后能恢复原形，残余变形很小。半硬质泡沫塑料的韧性和其他性能介于硬质泡沫塑料与软质泡沫塑料之间。

泡沫塑料的用途很广，在日用品、工业、农业、交通运输、军事工业、航天工业等方面都得以应用。例如，用于隔音材料、过滤材料、坐垫材料、隔热材料、浮漂材料、包装材料、室内装饰材料等方面。

新型高热传导率生物塑料

日本电气公司在以玉米为原料的聚乳酸树脂中混入长数毫米、直径很细的碳纤维和特殊的黏合剂，制得新型高热传导率的生物塑料。如果混入10%的碳纤维，生物塑料的热传导率与不锈钢不相上下；加入30%的碳纤维时，生物塑料的热传导率为不锈钢的2倍，密度只有不锈钢的1/5。

这种生物塑料还具有质量轻、易成型、对环境污染小等优点，可用于生产轻薄型的电脑、手机等电子产品的外框。

塑料血液

英国谢菲尔德大学的研究人员开发出一种人造“塑料血”。它可以给任何一名患者注射，而不用考虑血型。这种塑料血可作为急救过程中的血液替代品。这种新型人造血由塑料分子构成，这些分子的大小和形状都与血红蛋白分子类似，还可携带铁原子，像血红蛋白那样把氧输送到全身。由于制造原料是塑料，因此这种人造血轻便易带，不需要冷藏保存。“塑料血”的组织结构类似于蜂蜜，制造成本低，运输方便，由于不含血细胞，因此保存期可达一年。但是这种“塑料血”不能永久替代静脉中自然流动的血液，因此被输血者必须在尽可能快的时间里再次输入正常血液。

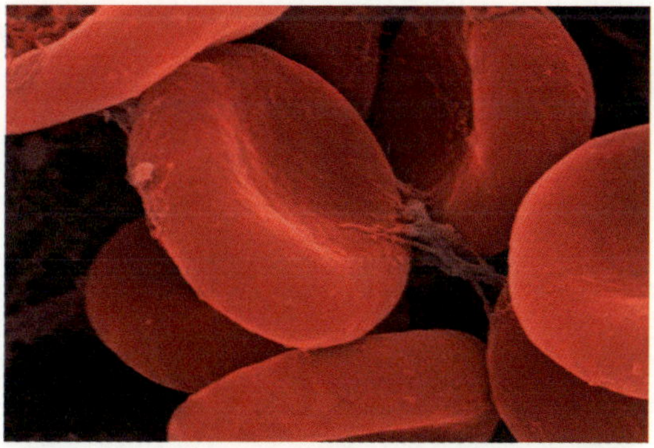
电子显微镜下的红血球

反渗透膜

反渗透膜是反渗透过程所用的半透膜，它只能透过水分子而不能透过盐分子。反渗透膜是海水淡化生产工艺中关键的元件。

反渗透技术的基本原理

反渗透技术的原理是在高于溶液渗透压的作用下，依据其他物质不能透过半透膜，而将这些物质和水分离开来。反渗透膜的膜孔径非常小，因此能够有效地去除水中的溶质。反渗透膜能截留大于0.000 1微米的物质，是最精细的一种膜分离产品，它能有效截留所有溶解盐及相对分子质量大于100的有机物，同时允许水分子通过。

反渗透又称逆渗透，是一种以压力差为推动力，从溶液中分离出溶剂的膜分离操作。对膜一侧的料液施加压力，当压力超过它的渗透压时，溶剂会逆着自然渗透的方向作反向渗透。从而在膜的低压侧得到透过的溶剂，即渗透液；高压侧得到浓缩的溶液，即浓缩液。若用反渗透处理海水，在膜的低压侧得到淡水，在高压侧得到卤水。反渗透膜能截留水中的各种盐类、胶体、微生物、有机物等溶质，从而取得净制的水，也可用于大分子有机物溶液的预浓缩。

由于反渗透过程简单，能耗低，近20年来得到迅速发展。现已大规模应用于海水和苦咸水淡化、锅炉用水软化和废水处理，并与离子交换结合制取高纯水，目前其应用范围正在扩大，已开始用于乳品、果汁的浓缩以及生化和生物制剂的分离和浓缩。

反渗透膜元件

反渗透膜是实现反渗透工艺的核心元件，是一种模拟生物半透膜制成的人工半透膜。反渗透膜一般用高分子材料制成，如醋酸纤维素膜、芳香族聚酰肼膜、芳香族聚酰胺膜。该膜表面微孔的直径一般在0.5～10纳米，透过性的大小与膜本身的化学结构有关。有的高分子材料虽然对盐的排斥性好，但水的透过速度并不好，这就不是理想的反渗透膜。有的高分子材料化学结构具有较多的亲水基团，因而水的透过速度相对较快。因此一种满意的反渗透膜应具有适当的渗透量和脱盐率。

反渗透膜应具有以下性能：

(1) 在高流速下应具有高效脱盐率；

(2) 具有较高的机械强度和较长的使用寿命；

(3) 在较低的操作压力下也能发挥功能；

(4) 能耐受化学或生化作用的影响；

(5) 受 pH 值、温度等因素影响较小；

(6) 制膜原料来源容易，加工简便，成本低廉。

反渗透膜的结构分为非对称膜和均相膜两类。当前使用的膜材料其组件有中空纤维式、卷式、板框式和管式。可用于分离、浓缩、纯化等化工单元操作，主要用于纯水制备和水处理行业。根据脱盐的需要，经过多次的研究试验，从大量的高分子材料中筛选出了醋酸纤维素和芳香聚酰胺两大类膜材料。此外，复合膜的表皮层还用到了其他的一些特殊材料。

醋酸纤维素

醋酸纤维素又称乙酰纤维素或纤维素醋酸酯。常以含纤维素的棉花、木材等为原料，经过酯化和水解反应制成醋酸纤维素，再加工成反渗透膜。

聚酰胺

聚酰胺包括脂肪族聚酰胺和芳香族聚酰胺两大类。20 世纪 70 年代应用的主要是脂肪族聚酰胺，如尼龙-4、尼龙-6 和尼龙-66 膜；目前使用最多的是芳香族聚酰胺膜。膜材料为芳香族聚酰胺、芳香族聚酰胺—酰肼以及一些含氮的芳香聚合物。

复合膜

复合膜主要由醋酸纤维素和聚酰胺两种材料制成，它是以很薄的致密层和多孔支撑层复合而成。多孔支撑层又称基膜，起增强机械强度的作用；致密层也称表皮层，起脱盐作用，故又称脱盐层。脱盐层厚度一般为 50 纳米，最薄的为 30 纳米。复合膜可以分别针对致密层和支持层的要求选择脱盐性能好的材料做致密层，用机械强度高的材料做支持层。

我国反渗透膜的研发

反渗透装置结构紧凑，安装简单，操作简便，能耗低，在常温下操作，易于工业化生产。

20世纪80年代发明的复合膜，由超薄反渗透膜、多孔支撑层、织物增强叠加而成，透水量极大，除盐率高达99%，是理想的反渗透膜。反渗透膜在分离小分子有机化合物时也特别有效，因此在有机化工、酿造工业、三废处理等领域也得到了很好的应用。

在21世纪以前，反渗透膜的生产技术都是被国外所垄断的，而我国是直到20世纪90年代末期才开始掌握了反渗透膜的生产技术。2001年，我国有了自己的反渗透膜产品，享有完全自主知识产权。由我国制造，具有民族品牌的高性能复合膜元件开始投放市场，我国成为世界上第四个掌握自主反渗透膜生产技术的国家。而杭州北斗星膜制品有限公司也成为全球8家自主反渗透膜生产厂家之一。

反渗透系统(RO)的清洗

反渗透系统使用一段时间后要进行清洗。由于系统出现污垢而需要清洗的频率因地而异，一般习惯上可接受的清洗频率是3～12个月一次。由于地点不同所需要清洗掉的污垢物也不同，但往往存在的污染物不止一种，因此要作多一些的考虑。

通常需按特定的次序使用各种不同的清洗药品进行清洗，以获得最佳的清洗效果。比如首先使用低pH值的清洗液除去水垢一类的物质，然后使用一种高pH值的清洗液除去有机物。有一些清洗液中还添加有洗涤剂，这将有助于清除污染严重的生物和有机杂质。

新材料产业

XIN CAILIAO CHANYE

取长补短的复合材料

复合材料

复合材料的出现

目前,使用复合材料已成为材料发展中的一个趋势。因为随着高新技术的发展,对材料的性能提出了越来越高的要求,原来的金属、高分子、陶瓷等材料,往往不能同时满足强度、韧性、刚度、密度、耐磨、耐蚀性等方面的综合要求。为了满足多种条件的要求,科学家们找出有着各自优势的材料,把它们结合在一起,从而制备出同时兼具多种优异性能的新材料。这就是近代复合材料迅速崛起的背景。

钢筋混凝土施工中

复合材料的崛起,标志着人类使用材料从选择单一的材料,进入到人为地设计复合材料的新阶段。当然这种"材料设计"还只是初级阶段的设计。

复合材料不是什么新概念。人们早已在使用着各种复合材料了,最原始的复合材料就是土坯,那是黄泥和稻草的复合材料;钢筋混凝土也是复合材料。

但现在讲的复合材料已经有了特定的含义,一般是指由颗粒、短切纤维和连续纤维增强的材料。由高强纤维增强聚合物基体这类复合材料,是从20世纪40年代开始研究和应用的。1940年,人们首次用玻璃纤维增强聚酯树脂制成了军用飞机的雷达罩;1944年又研制出一架以玻璃纤维增强塑料为主要构件的飞机。从此,纤维增强材料大受军工界和工程界的重视。二战后,迅速扩展到船只、汽车、建筑构件、各种容器、电子器件,甚至家具等领域。

近年来出现了性能更好的高强纤维,如碳纤维、硼纤维、碳化硅纤维、氧化铝纤维、氮化硼纤维及有机纤维(芳纶)等,这些纤维不仅可与聚合物基体复合,还可以增强金属和陶瓷等基体,制成金属基和陶瓷基复合材料。这些高级复合材料,具有比玻璃纤维复合材料更好的性能,是制造飞机、火箭、卫星、飞船等航空航天飞行器构件的理想材料。

复合材料的类型

组成现代复合材料的原材料的种类繁多,但是总体来看,可以分成基体材料和增强材料两大部分。以钢筋混凝土为例,水泥和沙子就是基体材料,而钢筋、石子则构成增强材料。

各种增强材料分散到不同的基体中,就复合成金属基、陶瓷基和聚合物基等不同的复合材料,这些是复合材料家族的基本成员。

从使用的角度来看,如果着重于材料的力学性能,就是结构复合材料;若着重于材料的物理或其他方面的性能,则称为功能复合材料。

几种常用的复合材料

树脂基复合材料 所谓树脂就是人工合成的高分子聚合物。最常用的树脂基复合材料是用纤维为增强材料的。由于纤维的力学性能直接影响复合材料的性能,故科学家们在众多的纤维制品中精选出玻璃纤维、碳纤维、硼纤维、碳化硅纤维、芳纶纤维等高性能纤维作增强材料。

金属基复合材料 由于树脂本身的特性,树脂基复合材料通常只能在350℃以下的温度范围内使用。而金属基复合材料不仅能在350～1 200℃的温度范围内使用,而且还有很高的导热性、导电性和耐老化等性能。

陶瓷基复合材料 陶瓷材料具有许多优异的性能,但脆性大的弱点,限制了它更广泛的应用。克服脆性的有效途径之一,是用纤维增加其韧性而又不降低其强度和硬度。

功能复合材料 近年来随着功能材料的迅速崛起,功能复合材料也有一定的发展,这主要是因为功能复合材料的性能常常优于一般的单质功能材料。

现在已被使用的功能复合材料有压电复合材料、医用复合材料、隐形复合材料和热功能复合材料等。

环氧树脂——常用的基体材料

力大无穷的环氧树脂

在一个胶黏剂工业展览会的入口处，人头攒动，参观者把一个展台围得水泄不通。只见一条大钢索串联着两片相叠的铝片，下面一片铝片上竟悬挂着一辆轿车。展板上写明，这是用环氧树脂胶黏剂黏合的铝片，铝片黏结的面积只有成人的大拇指指甲大小。这种神奇的力量来源于环氧树脂所具有的极强的黏结力。

常用的基体材料

环氧树脂的用途很广，但它的主要用途之一是用作复合材料的基体材料。飞机、汽车、船舶、列车，乃至风力发电机叶片等都大量使用着玻璃钢。其实玻璃钢不是钢，而是以环氧树脂为基体材料，以玻璃纤维为填充材料的复合材料。

复合材料主要由基体材料和填充材料组成，对于聚合物基复合材料，在复合的过程中，基体材料与填充材料经过一系列物理、化学的变化，形成一定形态的结构整体。这时，基体材料的性能直接关系到复合材料的性能。

作为复合材料基体的树脂可以分成很多类。环氧树脂属于热固性树脂，它一经加热，就成为一种流动性很好的液体，能像熔化的蜡烛油一样自由流动，可以注满任何容器，冷却后就能凝固成与容器形状相一致的固体。但它又不同于蜡烛，因为环氧树脂从液体转变成固体是一种化学反应，对固化的环氧树脂再加热，它也不会再熔化，也不会再溶于液体，即成为不溶、不熔、绝缘性能很好的热固性塑料。

环氧树脂的广泛用途

环氧树脂具有良好的化学稳定性、电绝缘性、耐腐蚀性及优异的机械性能和物理性能。同时，环氧树脂还具有良好的工艺操作性能，除了作为胶黏剂和复合材料的基体材料之外，环氧树脂还被广泛地应用于涂料行业、机械行业、电子行业、交通运输业、汽车制造业、建筑业、航空航天等领域。

为了减轻重量，飞机和宇宙飞船的壳体用上了环氧树脂，也用环氧树脂点焊胶代替部分铆接，可以减轻飞机整体重量的10%左右。用特种环氧树脂和碳纤维经高温高压制成的复合材料，比强度是钢的5倍，这种重量轻、强度高的材料，已成为宇航工业中的宠儿，是“神舟”号飞船壳体的主要材料。

在易拉罐的内壁涂上薄薄一层环氧树脂，就能保护铝质易拉罐不受内装食品或饮料的腐蚀。由于杰出的耐酸、耐碱、耐介质腐蚀的性能，环氧树脂主要被用于制造防腐涂料，成为船舶、桥梁、大型钢结构建筑的守护神。例如：给输油、输气管道的内外壁各加一层环氧树脂涂层，便能使钢管在50年内不锈蚀。

由于环氧树脂牢固的黏性，还可用它来作各种缺陷的修补之用。大到水坝上的混凝土出现了裂缝，小到人的牙齿上有了蛀洞，都可以用环氧树脂胶来填平补牢。

环氧树脂产业

我国大陆是全球环氧树脂主要消费地区中唯一产能小于消费的地区，消费量和生产量均呈双位数增长。但由于环氧树脂全球产能大于需求，在贸易全球化的情况下，进口量也双倍数地增长，竞争愈演愈烈。激烈的竞争也促进了我国环氧树脂行业快速发展，体现在生产集中化、装置规模化、产品质量上台阶、价格透明化。目前，我国已经成为全球环氧树脂的主要增长力量。

我国环氧树脂生产厂家众多，但万吨级规模以上的企业为数不多。国内大部分环氧树脂企业的生产技术与外国先进工艺相比，尚有一定差距。存在的主要问题是生产装备规模不够经济，产品专用性较低，产品质量稳定性差。此外，产品售后服务及应用的方便程度也有待提高。

我国的环氧树脂行业将进一步规范化，那些生产成本过高、环保不合格、产品档次低的企业将被淘汰。同时，国内新兴产业的大发展，会给环氧树脂行业带来无限商机。

复合材料中的常用填料

复合材料中常用的填料

增强材料是复合材料的主要承力组分，可以大幅度地提高复合材料的强度以及弹性模量。而且未经增强的树脂一般是不能作为结构材料使用的，只有由增强材料与基体树脂制成的复合材料作为结构材料，才能在各个领域得到广泛应用。

用于聚合物基复合材料的增强材料种类很多，总体上可分为有机增强材料和无机增强材料。

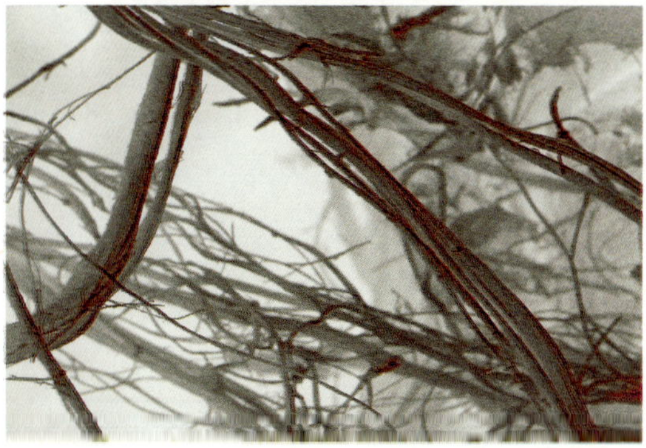

电子显微镜下的石棉

无机增强材料

无机增强材料主要有玻璃纤维、碳纤维、硼纤维、晶须、石棉及金属纤维等。

有机增强材料

有机增强材料包括芳纶纤维、聚乙烯纤维、聚酯纤维、棉、麻、纸等。

增强材料的选用是根据制品的性能要求，如力学性能、耐热性能、耐蚀性能、电性能等，以及制品的成型工艺和成本要求来确定的。在上述增强材料中应用最广泛的是玻璃纤维。

玻璃纤维

玻璃纤维就是拉成纤维的玻璃，其外观与块状玻璃完全不同，而且玻璃纤维的拉伸强度比块状玻璃高许多倍。但实际上，玻璃纤维的结构仍与玻璃相同。玻璃纤维的化学成分主要是二氧化硅，其他还有三氧化硼、三氧化铝、氧化钙等。

玻璃纤维由于原料来源充足、制备工艺简便、成本较低，加上它有较理想的强度，成为今天应用最广的增强材料。玻璃纤维的拉伸强度是钢材的3～4倍。玻璃纤维的直径直接影响其力学性能。在相同的拉丝工艺条件下制得的玻璃纤维，其直径越小，拉伸强度越高。

玻璃纤维的生产工艺

玻璃纤维的生产方法有坩埚法和池窑法两种。池窑法的优点主要是省掉了制球工艺。

坩埚法

坩埚法生产玻璃纤维由制球和拉丝两部分组成。首先根据纤维的质量要求配料制球，检验合格的玻璃球用来拉制玻璃纤维。

加入坩埚中的玻璃球用电加热的方式使之熔化成液态，在重力作用下从坩埚底部的漏板中漏出，用拉丝机以1 000～3 000米/秒的速度拉制成直径很细的玻璃纤维。从坩埚中拉出的玻璃纤维叫单丝，单丝经过集束而成原丝。原丝的粗细与单丝直径及漏板孔数有关。原丝经排纱器缠绕到绕丝筒上，经过质量检验，合格的原丝送往纺织工序加工。

池窑法

池窑法拉丝工艺与坩埚法生产的主要区别在于它不必预先把玻璃制成玻璃球，而是将玻璃原料直接加入窑内熔融、澄清、均化后，经漏板孔流出。池窑法生产工艺与坩埚法相比，具有拉丝操作稳定性好、断头飞丝少、单位能耗低等优点，所以现在池窑法已成为主要的玻璃纤维生产方法。

把玻璃原丝织成玻璃纤维织品，其生产工艺与棉、麻、丝以及各种人造纤维的纺织工艺差不多，主要设备就是纺织机和织布机。

玻璃纤维产业

玻璃纤维作为用途广泛的新材料产品，已成为国家产业政策中重点扶持的产业。玻纤行业具有高投入、高技术、高劳动密集的特征，因此，我国玻纤行业企业集中度较高，巨石集团、重庆国际复合材料、泰山玻璃这三大企业的产量占全国总产能的75%。

我国玻璃纤维产业2007年就已实现产量和出口均居世界第一。后来又实现了使用量世界第一。但近年来由于受世界金融危机的影响，玻纤产品出口比例和总量下降，使产能供过于求。

我国玻纤产业发展的瓶颈主要是下游产业发展相对弱小，相对于国内现有玻璃纤维产能而言，其下游玻璃纤维制品和玻璃钢产业的发展不能与之相应，而且以低端产品为主。

国外研究报告预计，玻纤产业还要发展，我国玻璃纤维复合材料呈持续快速增长势头。但目前我国玻纤产业仍处于低价、低效运行状态。欧盟、印度、土耳其等国发起的反倾销诉讼，以及国际上的一些贸易保护给我们的发展带来了不少值得思考的问题。我们应该总结经验教训，沿着控制总量、提高技术和质量、加强分工合作、深化加工和应用等的方向，继续调整创新，求得科学发展。

碳纤维

什么是碳纤维

在自然界里，碳以 3 种不同的形式存在，即炭、石墨和金刚石。这是由于碳原子的排列方式不同而引起的。炭是非晶体，石墨是多晶体，而金刚石是单晶体(也就是钻石)。当然它们的性能也大不一样。

科技人员研制出了一种由碳元素组成的具有石墨结构那样的特种纤维，这就是碳纤维。它沿纤维轴方向表现出很高的强度，是一种强度比钢大，密度比铝小，比不锈钢还耐腐蚀，比耐热钢还耐高温，又像铜那样能导电，具有许多宝贵的电学、热学和力学性能的新型纤维。同时，它又相当柔软，可加工成各种织物。这种纤维因制造原料和工艺的不同，碳含量也会略有差异，一般在 90%以上。

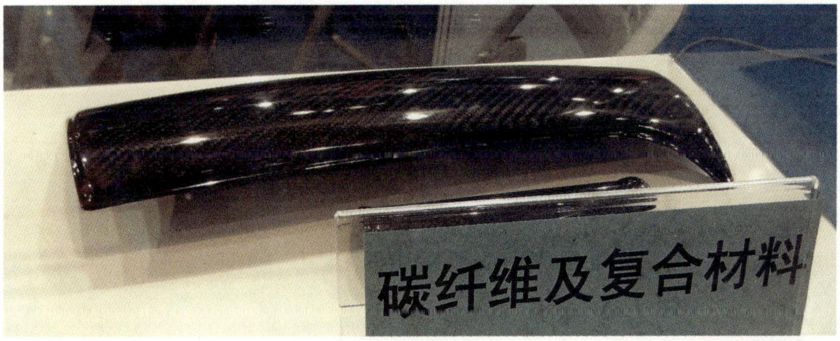

碳纤维

碳纤维的用途

碳纤维的主要用途是与树脂、金属、陶瓷等基体复合，制成复合材料。碳纤维是增强环氧树脂复合材料，其比强度、比模量等综合指标，在现有结构材料中是最高的。在强度、刚度、自重、耐疲劳等性能有严格要求的领域，在要求高温、化学稳定性高的场合，碳纤维复合材料都颇具优势。

碳纤维复合材料在宇宙飞船、人造卫星、航天飞机、导弹、原子能、航空以及一般工业部门中都得到了日益广泛的应用。对于宇宙飞行器来说，宇宙飞船的质量每减轻 1 千克，就可以使运送它的火箭减轻 500 千克。碳纤维作为宇宙飞行器部件的结构材料和热防护材料，不仅可满足苛刻环境的要求，而且还可以大大减轻部件的自重，提高有效载荷、航程或射程。

美国“旅游者”号全复合材料飞机，90%以上采用碳纤维复合材料，其结构重量仅为 453 千克，而载油量却高达 3 200 千克，被称为“飞行油箱”。它创下了不加油、不着陆连续环球飞行 9 天的世界纪录。

尽管碳纤维复合材料是为满足宇航、导弹、航空等部门的需要而发展起来的高性能材料，由于一般工业部门对产品的质量和可靠性要求不如上述部门严格，故开发得相对较迟，但其推广应用速度更快。例如，用碳纤维复合材料制造汽车，可减轻汽车的自重，从而可节省燃料。碳纤维复合材料可用于汽车中不直接承受高温的各个部位，如传动轴、支架、底盘、保险杠、车体等。但它的价格昂贵，成为阻碍汽车工业大量使用碳纤维复合材料的主要原因。

碳纤维的生产工艺

工业上制备碳纤维的方法是：用含碳的有机纤维在隔绝氧的情况下，经高温处理，将氮、氢、氧等非碳原子变成氰化氢、氨、甲烷、氢、氮等气态成分，并同时剔除焦油，所剩下的碳骨架就是碳纤维了。现在被广泛用来制作碳纤维的含碳有机纤维有聚丙烯腈材料、沥青纤维、人造丝等。

用含碳的有机纤维制成碳纤维，必须经 1 000℃以上高温的碳化过程，所得到的碳纤维的含碳量在 75%～95%。如果把碳纤维在惰性气体中继续加热到 2 000℃以上的高温，使得碳纤维的含碳量不断增大，可使其性能得到明显改善。这时得到的具有金属光泽、高弹性模量、高强度的碳纤维，称为石墨纤维。其相应的处理过程称为石墨化。经 3 000℃石墨化处理的石墨纤维，其含碳量几乎达到 100%，具有优异的性能。

沥青纤维分为以非结晶沥青和以结晶沥青为原料的两种。前者只能制得低强度、低模量的低档碳纤维，后者可制得中等强度、高模量的碳纤维。高性能的碳纤维是用聚丙烯腈纤维制成的，由于它具有比强度高、比模量大、热膨胀系数低、导电导热性好、耐化学腐蚀及抗震性好等优点，因而得到迅速发展。虽然价格高于其他原料制备的碳纤维，但其产量却占碳纤维总量的 75%以上。

碳纤维复合材料产业

根据基础原料的不同碳纤维可分为3类：以聚丙烯腈(PAN)为原料，高温碳化形成的碳纤维为PNA碳纤维；以沥青为原料制成的碳纤维为沥青基碳纤维；以黏胶纤维为原料的称为黏胶基碳纤维。

碳纤维复合材料的产业背景及战略意义

在全球经济尚未走出低谷的情况下，碳纤维复合材料产业的发展势头却十分强劲，尤其是聚丙烯腈(PAN)碳纤维。

PAN碳纤维是军事工业用量大、使用面广、地位极为重要的关键性高性能纤维材料，在军用飞机、导弹、运载火箭和卫星飞行器上发挥着不可替代的作用，是战略性新材料。正因为如此，西方国家把碳纤维视作战略物资，长期对我国在军事方面的应用实行禁售禁运政策。

碳纤维在民用领域也得到了广泛的应用，如体育器材、建筑、风力发电、深井采油、高速交通等高新技术领域，其市场规模不断扩大。鉴于碳纤维对国防技术和民用高新技术的重要性，21世纪初，碳纤维技术和产业受到国家的重视，技术研发取得系列突破，产业快速起步，实现了从无到有的发展。

目前，我国碳纤维产业尚处于起步阶段，全国碳纤维产能加上沥青基碳纤维一起也不到全球产量的0.4%。目前我国航空航天和民用领域所需的PAN碳纤维，几乎全部依赖进口。

我国PAN碳纤维的产业化道路

碳纤维属高新技术，高附加值产品，具有其他材料不可比拟的优异性能，有着广泛的用途和良好的发展前景。随着我国经济的持续快速发展，碳纤维的市场需求与日俱增，发展我国碳纤维工业具有重大的现实意义和深远的历史意义。因此，针对当前现状，必须加快我国碳纤维产业的发展进程，可采取以下措施。

制订我国碳纤维发展的总体规划 可考虑国内研制与国外引进相结合。碳纤维是一种可以形成庞大产业带的基础产品，随着其成本的降低，将在金属、陶瓷、玻璃纤维等材料的传统应用领域得到广泛应用。同时，因其高科技含量，又可在一定时期形成相对垄断的产品。因此，碳纤维及其复合材料的开发，可为企业带来长期而稳定的投资收益，是大企业较好的投资方向。

开发低成本碳纤维技术 碳纤维的高价格是限制其推广应用的制约因素。降低碳纤维价格的关键是采用一般纺织用 PAN 原丝，生产工业级碳纤维和大丝束碳纤。我国必须突破这些关键技术。

解决我国碳纤维生产厂家小而散的问题 合并或扩大碳纤维生产企业的规模，由于“规模效应”便可提高产品质量，降低生产成本，增强市场竞争力。

研究扩大碳纤维的应用范围 要降低碳纤维的价格，必须扩大用量以增加产量。军用高性能碳纤维的用量毕竟是有限的，必须开发新的应用范围，包括交通运输、汽车、能源和土木建筑等领域。

发展 PAN 碳纤维产业的技术瓶颈

发展我国的碳纤维产业必须经过以下几个阶段，否则基础不扎实，欲速则不达。

理论研究和实验室试验 我国从 20 世纪 60 年代就开始碳纤维的理论研究，已打下了制备 PAN 碳纤维的基本原理和工艺的理论基础。

工程化基础研究 这是指涉及反应、传热、传质、传动的一系列机制和数据，是中试（中间试验）和工程化设备赖以设计的基础数据，这是我国碳纤维发展历程中所欠缺的。

中试化生产 对关键设备的结构和尺寸进行设计和计算，为工业化生产做好准备。

关键技术和设备的突破 需要突破干喷湿纺技术和高温高压水蒸气牵伸技术。其中有两项关键设备，一是高温高压水蒸气牵伸设备，二是预氧化炉。

天然纤维复合材料

为什么要发展天然纤维复合材料

20 世纪 90 年代以后，随着生态意识的觉醒，人们对环境保护和卫生健康越来越重视，天然纤维，如麻、竹、木材、稻草、麦秸、椰壳纤维等，因具有许多优点，使天然纤维复合材料的研究成了复合材料研究的热点之一。

天然纤维资源丰富，价格低廉，加工方便，在复合材料中应用天然纤维可以降低复合材料的成本。另一方面，天然纤维的密度只有玻璃纤维的 50%左右，因此用它制得的复合材料质量较轻，这一点对汽车工业特别有吸引力。

天然纤维复合材料在汽车工业中的应用

汽车工业不断地寻求价格更便宜且质量更轻的新材料，目前的发展趋势是将麻类纤维应用到汽车工业上。国外一些公司利用亚麻纤维增强聚氨酯制备汽车装饰物，最终比传统注塑材料制造的产品约轻 45%；法国研究了一种以麻和聚氨酯为原料的合成材料，这种材料除了具有金属和玻璃纤维各自的优点外，其价格更便宜，质量更轻，韧度更强，而且可以生物降解。

苎麻

我国也积极开发天然纤维复合材料在汽车工业上的应用，如河南某汽车内饰件公司开发利用麻、棉纤维制造汽车内饰件，如门饰板、高架箱、前后保险杠、仪表板、座椅等。这些产品具有质量轻、强度高、韧性好、表面光洁、不易变形、装配方便等优点，而且其拉伸强度、断裂伸长率等主要指标都能满足汽车内饰件产品的标准要求。

天然纤维复合材料在建筑工业中的应用

现代建筑技术要求建筑材料质轻，高强，保温，隔热，隔音，抗震性好，属于节能型和装配式。采用传统的砖、瓦等建筑材料是难以满足这些要求的，而质优价廉的天然纤维人造板就大有用武之地了。

以木材（木材加工剩余物、低品位木材）或其他天然纤维（蔗渣、麦秸秆、稻草、棉秆、豆麻茎秆、椰壳、棕榈等）为原料，以合成树脂类为胶黏剂，经过一定的工艺处理所形成的复合材料即为人造板。

作为住宅的主体材料，70%是墙体材料。在国外，由于看重建筑人造板自身的薄、轻，以及各种能满足建筑材料要求的优异性能，使人造板在墙体材料中的用量比例相当可观，其中日本的人造板比例占墙体材料的 64%，美国占 47%，东南亚地区为 30%以上，而我国仅占 3%左右。可见人造板在我国建筑材料市场上有着极为广阔的应用空间。加之天然纤维尤其是一年生天然纤维的原料来源广泛，制造工艺简单，可就地取材，价格便宜，真可谓价廉物美。

我国发展天然纤维复合材料的优势

毛竹林

天然纤维复合材料中最常用的天然纤维是麻、竹和木材。我国是木材进口大国，木材的缺口较大，但是我国是麻、竹生产的大国，充分利用麻、竹为复合材料的填料，生产天然纤维复合材料是我国的优势。

我国麻类作物分布广，品种多，产量高，是我国宝贵的天然纤维资源。利用麻纤维制备复合材料，可使麻类加工产业向高新技术产业升级，增加麻类产品的附加值，具有重要的经济和社会效益。

我国更是世界上主要的产竹国家，其中经济利用价值高的毛竹占世界毛竹总产量的 90%以上。每年的竹产量相当于1 000

余万米^3 的木材。我国的竹材加工利用起步于 20 世纪 80 年代，竹材加工业已取得了长足的发展。主要产品之一的竹材人造板已发展为车厢底板、水泥模板和竹材地板等三大系列。竹材人造板正是近年来开发出的新产品——重组竹，是木材结构材料的理想替代品。

重组竹是将竹材加工强化成型的一种竹质新材料。加工过程是把竹材制成条状竹篾、竹丝，经干燥后浸胶，再干燥后铺放在模具中，经高温、高压热固化而成的型材。

竹地板

影响天然纤维复合材料发展的因素

目前还存在一些影响天然纤维复合材料发展的不利因素。首先，对于复合材料制造商来说，除了木纤维外，适合制备复合材料的天然纤维目前还没有稳定的供货渠道。其次，天然纤维也存在吸湿性较大，与基体材料的黏附性较差，复合材料的抗冲击强度较低等缺点。这些缺点会限制天然纤维复合材料的应用。所以，今后需要对天然纤维复合材料的助剂，如润滑剂、紫外线吸收剂、黏接促进剂、抗氧化剂等进行研究。另外，人们对天然纤维复合材料的认识还需要一个过程，随着人们认识的深入和环保意识的提高，天然纤维复合材料的应用将会越来越广泛。

风力发电机叶片

发展风能的意义

作为新能源的一个重要分支，风力发电是当今世界除水力发电外，可再生能源开发利用中技术最成熟、最具规模化开发和商业化发展前景的发电技术，也是我国能源和电力可持续发展战略的最现实选择。与其他新能源形式相比，风能在中国更加具备资源和技术优势，故应该抓住我国大力发展风电的历史机遇，把风电装备制造业（包括风电材料业）培育成具有自主创新能力和国际竞争力的新兴产业。

风机叶片材料

风力发电机组是由叶片、传动系统、发电机、储能设备、塔架及电器系统等组成的发电装置。要获得较大的风力发电功率，关键在于要具有能轻快旋转的叶片。所以风力发电机叶片技术是风力发电机的核心技术。叶片的翼型设计、结构形式和叶片自重，直接影响风力发电装置的性能和效率，是风力

风力发电机叶片安装

风力发电

发电机中最核心的部分。

风力发电机叶片主体是由复合材料制成的薄壳结构，一般由根部、外壳和加强筋或梁三部分组成，目前使用最为广泛的是纤维增强聚酯树脂和玻璃纤维增强环氧树脂这两种材料体系。它们的区别在于聚酯树脂价格低廉，成形工艺性好，但性能一般；环氧树脂则刚好相反，性能较优但价格较高。

事实已证明，风机叶片的尺寸增加可以改善风力发电机的经济性，降低成本。叶片长度从 1980 年的 4.5 米发展到今天的 60 多米，风电叶片在沿着大型化和轻量化的方向发展。

随着风机叶片长度的不断增加，就需要不断提高使用材料的性能，以减轻叶片的重量。用碳纤维增强的风机叶片其刚度是玻璃钢的两倍，故高性能碳纤维的引入可以在很大程度上实现叶片的减重，同时，风机的其他部件也能相应地轻量化，从而可整体降低风机组的成本，以部分抵消碳纤维引入带来的成本增加。

我国发展风机叶片产业存在的问题

对复合材料供应商来说，风能市场的主要机遇就是需求量大。近些年，国内风电场建设速度明显加快，未来几年将给中国风电设备制造商带来爆发式增长的市场，但若要抢占国内和国际市场，还有一些问题有待解决：

核心技术水平和自主创新能力仍然比较低下

风机叶片产业是一种技术密集型产品，目前我国大型风机叶片基本上都是在技术引进和消化吸收的基础上实现的批量生产。二次创新不够，不能形成具有国际先进水平的自主研发能力和自主知识产权的技术。

产业链上下游不协调

合格可靠的原材料生产供应能力相对低下，树脂原材料国产化是近期面临的主要问题。我国是全球最大的环氧树脂生产国和消费国，然而国内基本上只能生产普通型环氧树脂，这种树脂的力学性能虽然可以满足风电技术的要求，但经不起常年阳光暴晒，易变脆，老化。为此，发展特种型环氧树脂品种的研究和生产，对于风电材料行业意义重大。

全球行业竞争加剧

国际风电设备制造业在技术、工艺和产业体系等方面都酝酿着新的重大变革。而我国风电设备制造业及风能材料行业仍处于初期发展阶段，技术水平、产品竞争力、产业链培育等方面还很薄弱，明显落后于国际水平。因此，我国风能材料产业今后在技术竞争、市场开拓、提高经济效益等方面仍面临巨大的国际竞争压力和挑战。

碳纤维复合材料抽油杆

抽油杆是石油开采业中的关键装备。碳纤维抽油杆是采用高强型碳纤维长丝为增强材料，以环氧树脂为基体材料，通过拉挤成型工艺制备而成的抽油杆。

用碳纤维复合材料制造抽油杆的意义

有杆泵抽油（用抽油杆抽油）是当前国内外应用最广的机械抽油技术。目前，世界上机械采油井数已超过总生产井数的90%，其中80%左右的机械采油井都采用有杆泵抽油模式。我国随着胜利油田和大庆油田等老油田的二次开发，以及西部塔里木油田、近海海洋油田的开发，井矿环境越发恶劣，开采难度越来越大。同时，各主要油田相继进入开采的中后期，深部油层和难开采油藏也逐渐投入开发，这个比例还将呈上升趋势。

在有杆泵抽油系统中，抽油杆是关键部件之一，尽管国内外已研制出多种高强度和超高强度金属抽油杆，使抽油杆的寿命有了较大的提高，但由于钢抽油杆本身的结构特点，存在一些难以克服的缺点。

钢抽油杆的缺点

钢抽油杆失效率高 常规钢制抽油杆必须靠接头和接箍将多根抽油杆连接起来，才能实现井下抽油。下泵越深，接箍越多。在长期承受交变、冲击和振动载荷的工作条件下，这些接箍常常会发生脱扣、断裂和弯曲疲劳折断等。这种失效约占抽油杆失效总数的50%以上。

钢抽油杆自重大、效率低 在深井采油中，钢抽油杆自身的质量已占去举升质量的60%以上，导致系统效率大幅度下降，成本升高。

钢抽油杆下井深度浅 钢抽油杆由于自身密度和抗拉强度的双重约束，使下井深度受到限制。

石油开采

鉴于以上情况，研制具备防振动松脱、抗冲击断裂、抗疲劳断裂、耐磨损、耐腐蚀、密度小、抗拉强度大、接头少的连续抽油杆就成了重点研究课题。近年来，国内外开始出现连续抽油杆的新产品，碳纤维复合材料连续抽油杆就是其中的主要品种。

碳纤维复合材料抽油杆的优点

随着井深的增加，传统金属抽油杆成为制约采油作业最大的障碍。我国由于金属抽油杆失效引起的油井事故占总事故数量的60%～70%。碳纤维连续抽油杆的成功开发，解决了长期以来我国机械采油中的“瓶颈”问题，伴随着它的推广及应用，将给机械采油带来一次真正意义上的技术装备革命。

碳纤维树脂复合材料制成的抽油杆，相对于钢质抽油杆而言，可以用较小的截面制成扁形的带状连续杆，它具有如下优点。

降低能耗、降低成本 碳纤维抽油杆的密度小，每千米质量仅210千克，而钢质抽油杆每千米质量达到2 980千克。因此用碳纤维抽油杆，可以降低举升能耗，降低抽油机型号（用较小的机型），减少地面设备的一次性投入费用。据初步统计，降低能耗达50%左右，降低抽油机型号1～2个机型。

可用于深井、超深井 由于其质量轻、强度高，解决了深井、超深井的机械采油难题。

省去常规金属接头 碳纤维抽油杆无须用常规金属接头，每千米可省去常规金属接头110个以上，从而降低了接头的断、脱事故率。

良好的耐腐蚀性 碳纤维复合材料有良好的耐腐蚀性能，因而适用于井况腐蚀性严重的油井。

运输方便 碳纤维油杆的截面为矩形扁平带状，可以缠绕在一定直径的轮盘上，运输极为方便，作业简单，提高了作业效率。

寿命高 由于碳纤维复合材料具有高的疲劳强度，因此使用年限长，寿命高。

生产碳纤维复合材料抽油杆的自动化程度高 生产碳纤维复合材料抽油杆可用拉挤成型工艺，制品可以连续生产，抽油杆的长度可达4～5米，自动化程度高，故提高了生产效率。

由于碳纤维抽油杆具有以上一系列优点，故适用于高含水油井、深井、超深井和腐蚀井的原油开采。

碳纤维复合材料抽油杆的应用前景

我国原油开采的主要油田有大庆油田、胜利油田、华北油田等，共有油井8万多口，其中95%是用机械采油方式进行原油开采，年消耗油杆近3 000万米。可见每年抽油杆消耗量之巨大，这就是碳纤维复合材料抽油杆庞大的市场空间。而当前碳纤维抽油杆在我国的实际使用尚处于起步和试验阶段。

复合材料列车构件

列车提速与复合材料

人们过去一般都认为，只有要飞上天的飞机、导弹、卫星、航天器等对设备的自重要求很高，越轻越好。现在认识到，为了节能降耗，汽车也要求降低车身的自重；笨重的列车同样也需要降低车身的自重。

近年来，中国铁路开始了全面提速。列车速度的提高有两个途径：机车牵引功率的提高，列车自重的减轻。列车自重轻量化的主要途径之一是采用轻质高强的新材料。

目前，高速列车车体采用的材料有：钢材、铝合金和复合材料等。就轻量化而言，显然，铝合金优于钢材，而复合材料却是最佳选择。聚合物基复合材料最为突出的优势是比强度高。据计算，用高性能玻璃纤维复合材料夹层结构制成的机车自重，比一般的钢结构轻25%～35%。

复合材料在列车上的应用

车体和转向架构架是机车车辆的大型承载构件，在机车的自重上占有很大的比例。若能减轻这两项主要部件的重量，则对机车的轻量化很有促进作用。这时，复合材料就有了用武之地。

首先是高速机车的司机室。它的外形要制成鼻状前端，其立体异形外形是空气动力学和美学要求的统一，既要轻量化又要耐冲击。英国最先于1977年用层压复合材料板包覆聚氨酯泡沫芯构成夹层结构，用手工整体糊制而成。

其次是复合材料车顶。日本为实现车辆的低重心，用复合材料制成车顶进行试验，各项性能都满足要求。

还有，机车车辆的转向架是支撑车体、保证列车运行平稳的重要部件，其构架又是特别重要的高强度、高耐疲劳性能的大型承载构件。德国在20世纪80年代，研究试制了世界上第一台复合材料转向架构架。

高速机车的鼻状前端

至于列车的内部设备、装修装饰材料和一些辅助件，如车窗内装饰、洗漱间、厕所、水箱、车顶板、天花板等部件也已在推广应用复合材料。

复合材料列车构件的成型技术

复合材料列车部件的成型技术，目前还是以手糊成型工艺为主。

手糊成型工艺

手糊成型工艺是指手工作业把玻璃纤维织物和树脂交替铺层在模具上，然后固化成型为玻璃钢制品的工艺。尽管这种方法比较原始，并且已有新的工艺方法不断出现，但是由于手糊成型工艺设计自由，可设计出理想的外观、造型及品种繁多的制品；无须复杂的设备，只需要简单的模具、工具；生产技术易掌握，只需要经过短期培训即可进行生产；还可与其他材料（如金属、木材、泡沫材料等）同时复合制成一体等优点，所以当前在复合材料列车构件的生产中，大部分仍是用手工成型工艺。

但是手工成型工艺的缺点是生产效率低，速度慢，生产周期长，对于批量较大的产品就不太合适了。同时，手糊成型工艺的产品质量也不够稳定。

树脂传递模塑工艺

为克服手工成型工艺的缺点，工程师们研发了各种成型工艺，树脂传递模塑工艺是新工艺中用得较多的一种。这种成型工艺是在模具的型腔里预先放置增强材料，将模具夹紧密封后，在一定的温度和压力下，把树脂注入模具中，使之与增强材料一起固化，最后脱模而得到成型制品。

缠绕成型工艺

这种工艺是将连续的纤维粗纱浸渍树脂胶液，连续地缠绕在相应于制品内腔尺寸的芯模或内衬上，然后在室温或加热的条件下，使之固化，制成制品。

降低成本的途径

复合材料构件的成本主要由原材料成本和制造成本组成。通常认为原材料成本占20%，而制造成本要占到70%，其余10%为质量控制、性能检测等。因此，降低复合材料构件成本的重点在于制造工艺，其次是原材料成本。

复合材料降低制造成本的关键是改革成型工艺。手工成型工艺的手工劳动量大、工时费用高、原材料利用率低、固化时间长，所以成本高。因此，开发新的固化方法，减少手工操作，提高工艺自动化水平，是当前复合材料应用研究的重点。现已研究并开发了一系列低成本制造技术，如纤维索自动铺放工艺，树脂传递模塑，新的非热压罐固化工艺，工艺模拟技术和开发一体化的整体成型技术等。

前途无量的新能源材料

储氢材料

储氢材料的发展有一段有趣的历史。早在第二次世界大战期间，美国的飞行员经常随身携带一种药丸式的东西，但又不是药，它一放进水里就会冒出大量的气体。原来这是一种氢化锂丸，是飞行员的“保命丸”。当飞机在海上失事或被击落坠海时，飞行员只要把氢化锂丸放进特制的盛有水的装置里，氢化锂丸就会立即溶解并释放出大量氢气。一个氢化锂丸放出的氢气，足以使救生艇、救生衣一类的救生器具充气膨胀，落水的飞行员便能安全地漂浮在水面上。氢化锂就是一种储氢材料。

氢经济

氢，在元素周期表中排行第一，又是宇宙中最丰富的元素。19 世纪就有人预言：世界能源将以氢为基础。从现在的发展趋势来看，氢还真的有可能成为能源中的霸主。因为氢是一种发热值很高的燃料，约为汽油发热值的 3 倍，比任何一种化学燃料的发热值都大。从保护环境的角度出发，氢更是非常可取的，因为氢燃烧后生成水，不污染环境。

可以预见，在不久的将来，世界能源经济结构将产生革命性的变化，即从今天以碳为基础的能源经济形态，转变为以氢为基础的能源经济形态，简称“氢经济”。氢经济是以氢为能源而驱动的经济，氢能的利用将渗透到经济生活的方方面面。虽然新能源中有太阳能、核聚变能、地热能等，它们基本上也都是用之不尽的无污染能源，但作为燃料电池中主要燃料的氢，只要能克服它在生产、储存、运输和转化应用中的技术瓶颈，氢将是一种到处可以使用，而且使用很方便的清洁能源。为此，未来将是“氢经济时代”，而且氢经济时代已渐行渐近。

储氢的办法

氢能的广泛使用需解决两个问题，一是有效廉价的制取方法；二是安全可靠的储存方法。目前，科学家们已研究出多种制氢方法，如电解水法、热化学法、光分解法等。其中光分解法更被人们看好，因为它可以利用取之不尽的太阳能，到海水里去取用之不竭的氢。

氢的储存和运输困难大。目前储存和运输氢气的方法有3种：一是高压气态储存和运输；二是液态储存和运输；三是用贮氢材料吸收和吸附氢的办法进行储存和运输。

今天，人们实际使用的氢气，大都是将氢压缩装入比氢气重近百倍的钢储气瓶储存的，瓶内压力达10兆帕以上，这无论从适用性及安全性上来看都是很不理想的。使用氢液化的方法也可以储存氢，但同样是一种无法普遍采用的方法，因为在常压下，必须把氢气降到－253℃时才能使之液化。不用说制备液化氢所需的庞大设备，单是使氢处在液化低温的绝热保护装置，也是十分昂贵的。

科学家们通过大量的研究，认为用储氢材料来储氢最为合理，包括金属氢化物储氢、碳质材料储氢、配位氢化物储氢，以及水合物储氢等。

金属氢化物储氢就是用金属通过与氢化合来储存氢的设想。这种用于储氢的金属就叫储氢合金。金属氢化物储氢具有安全可靠、储氢能耗低、储存容量高、制备技术和工艺相对成熟等优点，是目前应用最为广泛的方法。而碳质材料储氢则被认为是最有发展前途的储氢材料。

氢的液态储存和运输

储氢合金

储氢合金为什么能吸收与储存氢呢？原来，氢是一种很活泼的元素，能与许多金属起化学反应，生成金属氢化物，吸氢合金正是靠其与氢起化学反应生成金属氢化物来储氢的。金属与氢反应是一个可逆的过程，而吸氢能力与放氢能力则取决于反应过程的温度、压力，以及构成该合金的成分。由于氢是以固态氢化物的形式存在于储氢合金之中，这时氢原子密度要比同样温度条件下的氢气大 1 000 多倍。从理论上讲，典型的储氢合金吸收与氢气瓶储氢量相等的氢，合金重量只有氢气瓶的 1/3，体积却不到氢气瓶的 1/10。可见，储氢合金适合储存和运输氢，是一种体积小、容量大、安全可靠的理想储氢材料。

作为储氢合金，人们对它的基本要求是：储氢量大，释放氢量也大；经多次吸放氢，性能不衰减；价廉和原料来源丰富。目前正在开发研究中的储氢合金主要有稀土系储氢合金、镁系储氢合金、钛系储氢合金、钒基固溶体和锆系储氢合金等。每种系列都在不断地开发和完善之中。

储氢合金产业

人们对储氢合金的研究和开发已有一段时间了。1985 年，日本研究出一种含镧的稀土镍铝合金。这种合金 0.4 米^3（质量约 1 000 千克），其储氢量就相当于 25 个高压氢气瓶的储氢能力。后来，日本用一个较小的稀土储氢装置代替汽油作燃料，在丰田汽车上成功地进行了试验，在公路上行驶了 200 千米。

储氢合金现已进入产业化开发阶段。国际上，同类产品之间，替代产品之间的竞争加剧；近年来储氢合金市场的范围逐渐扩大，对产品质量的要求不断提高，跨国公司扩张加剧，生产转移趋势明显，竞争全面升级。

我国随着宏观经济的回暖，储氢合金产业在各个应用领域中获得了大好的市场机会。

碳质材料储氢

吸附储氢是近几年来出现的新型储氢方法，具有安全可靠和储存效率高等优点。而在吸附储氢的材料中，碳质材料是最好的吸附剂，它不仅不易吸收杂质气体，而且可以反复使用。碳质储氢材料主要有高比表面积活性炭、石墨纳米纤维和碳纳米管等。

活性炭储氢

活性炭储氢是利用高比表面积的活性炭作吸附剂的吸附储氢技术。用活性炭储氢具有经济、储氢量高、解吸快、循环使用寿命长、易实现规模化生产等优点，是一种很具潜力的储氢方法。其缺点是活性炭在较高吸氢量时，对应的吸附温度较低，从而使其应用范围受到限制。

因此，研究人员便把目光转向了储氢性能较高的碳纳米纤维和碳纳米管。

碳纳米纤维储氢

碳纳米纤维储氢最大的优点是储氢容量高。研究人员发现，在室温时碳纳米纤维的储氢量可达 10%～12%。这个百分比是指能吸附的氢的重量与吸附材料自重之比。美国能源部要求到 2015 年，储氢材料要达到 6.5%的储氢量的目标。而碳纳米纤维的储氢量是美国能源部标准的将近 1 倍。

但碳纳米纤维成本较高、循环使用寿命较短，这限制了碳纳米纤维的产业化和规模化。

碳纳米管

碳纳米管是目前人们研究最多的碳质储氢材料，具有储氢量大、释氢速度快、可常温下释氢等优点。因此，被认为是一种有广阔前景的吸附储氢材料。它分为单壁碳纳米管和多壁碳纳米管。

碳纳米管虽然具有较高的储氢量，但工业化应用还不成熟，主要原因有储氢机制尚不清楚，有待进一步研究；另一方面，对其循环性能的研究也较少，而这却是工业化必须面对的问题；更主要的是当前碳纳米管的生产工艺还处于起步阶段，因而价格过于昂贵。

纳米级碳“葡萄藤”储氢

美国莱斯大学的科学家发现，单原子链状线型碳可以做得比碳纳米管还要薄得多。它可以实现人工合成，并且在室温条件下十分稳定。

在线型碳材料中添加钙原子，可以保证材料能够在室温条件下正常高效储氢。因为添加钙之后，每个钙原子可以结合 6 个氢原子。由于碳的单原子链状支架结构十分的轻盈，并且间隙很大，就像个“葡萄藤架”，因此就可以结合更多的氢。经科学家计算，加钙的线型碳材料理论上可以储存自身重量 50％的氢，远远超过美国能源部规定的于 2015 年储氢材料要达到 6.5％储氢量的目标。

虽然单原子链状线型碳是更为理想的储氢材料，但目前尚处于实验室试验阶段，科学家估计该项目还需要 3～5 年后可以推出这种储氢材料的工业样品，然后才能投入批量生产。

氢能的有效储存是氢能应用的瓶颈，目前的一些储氢材料和技术在某些方面已经取得了重要的进展，但不论是储氢密度，工作温度，可逆循环性能，还是安全性等方面，距氢能的实用化还有较大的距离。因此需要从实验和理论两方面着手深入研究。如能取得成功，则规模化的储氢装备生产是氢能可否走向实用化的关键。

孕育中的金属氢

对于储氢材料来说，最主要的指标是该材料的储氢密度。只有储氢密度大的材料方能使氢能装备减小体积和重量，决定氢能的使用范围。目前的储氢材料装备储氢，放在汽车上作动力，显然是个庞然大物，而在生活中使用氢能更有诸多不便。

关于金属氢的幻想

目前使用的储氢材料的储氢量都低于 6.5%，也就是说，储氢材料的自重至少比其所储的氢高出十多倍。

欲提高储氢量，其极限就是不用储氢材料。1989 年美国华盛顿卡内基研究所的科研人员毛何匡和鲁塞尔·赫姆利想到了“金属氢”这种幻想中的能源材料。对金属氢的幻想来源于 20 世纪 50 年代，美国通用电气公司在实验室用高温高压将石墨变成金刚石的事实。既然改变温度与压力能使碳元素改变结构，那么温度和压力是否也能使氢元素改变结构呢？

形成金属氢的可能性

卡内基的研究人员分析了形成金属氢的可能性，他们认为，在化学元素周期表中，氢与锂、钠、钾、铷、铯、钫等都同属 IA 族元素。可是在这个大家庭中，其他成员都是化学性能活泼的金属，唯独氢不是。为什么呢？

这需要从原子结构来分析：IA 族元素最外层都只有一个电子，所以同处一族。而氢与其他成员最大的不同在于氢的原子核外只有一个电子，没有所谓的“内层电子”，所以原子核把这个电子抓得特别紧。而这个大家庭中的其他成员都有内层电子，如锂的内层电子是两个；钠有两层内层电子，第一层是两个，第二层是 8 个……由于有内层电子的阻挡，就使单个的外层电子不易受原子核的束缚，便成为公有的“自由电子”，这就是金属之所以有导电性的根本原因。

科学家们认为，如果给氢分子加上高压，当压力超过了氢原子核对电子的束缚力，就有可能把氢分子压垮，使氢的核外电子成为公有的自由电子。这时，氢元素就成了能导电的金属氢了。

制备金属氢的实验

卡内基研究所的两位科学家根据这一理论分析，开始了试验。他们将纯度很高的氢气放在一个能承受高压的密封容器内，在－196℃的低温下逐渐加压到 25 万兆帕。结果发现，气态氢从透明状态逐渐变成褐色，最后变成有光泽的不透明的固体。其导电性也发生了变化，由绝缘体逐渐变为半导体，进而又变成导体。他们于 1989 年 5 月在美国地球物理协会上报告了这项试验成果。

研制金属氢的现状

金属氢的第一次试验成功，大大地激发了科学家们的研究热情。短期内全球的高压试验室发展到 100 多个。

近年来，中国、美国、日本、俄罗斯等国都宣布已在实验室内研制成功了金属氢。人类向金属氢迈出了可喜的一步，而且有力地推动和促进了超高压技术、超低温技术、超导技术等 20 多门科学技术向着新的深度发展。但是想要使金属氢投入工业生产，乃至作为能源材料使用，还有相当大的困难，甚至可以说还有鸿沟间隔。因为在实验室内制得的金属氢当去除压力后，不能像石墨变成的金刚石那样处于稳定的状态，它又恢复成气态氢了。

如何才能使金属氢保持稳定，成了当前研究金属氢的拦路虎。看来，要想成功地得到金属氢，还需要在理论和技术上取得重大的突破。

光伏电池

光伏电池简介

光伏电池，是太阳能光伏电池的简称，也叫太阳能电池，用于把太阳的光能直接转化为电能。

光伏系统大量使用的是以硅为基底的硅太阳能电池，可分为单晶硅、多晶硅、非晶硅太阳能电池。在能量转换效率和使用寿命等综合性能方面，单晶硅和多晶硅电池优于非晶硅电池。多晶硅比单晶硅转换效率低，但价格更便宜。按照应用需求，太阳能电池经过一定的组合，达到一定的额定输出功率和输出电压的一组光伏电池，叫光伏组件。

根据光伏电站的大小和规模，由光伏组件可组成各种大小不同的阵列。光伏组件是采用高效率单晶硅或多晶硅光伏电池，高透光率的钢化玻璃，抗腐蚀铝合金边框等材料，使用先进的真空层压工艺及脉冲焊接工艺制造，即使在最严酷的环境中也能保证较长的使用寿命。组件的安装架设十分方便，组件的北面安装有一个防水接线盒，通过它可以十分方便地与外电路连接。对每一块太阳能电池组件，都可以保证 20 年以上的使用寿命。

中国光伏电池产业的发展状况

我国对太阳能电池的研究起步于 1958 年。20 世纪 80 年代末期，先后引进了多条太阳能电池生产线，但产量则只有 2 兆瓦左右。2002 年后，欧洲市场特别是德国市场的急剧放大和无锡尚德太阳能电力有限公司的超常规发展，给我国光伏产业带来了发展机遇和示范效应。我国已成为全球主要的太阳能电池生产国。2006 年我国太阳能电池的产量为 438 兆瓦，2007 年我国太阳能电池产量为 1 188 兆瓦。

我国已经成为世界太阳能电池生产的第一大国。在高速发展期，我国光伏电池产量年增长速度为 1～3 倍，光伏电池产量占全球产量的比例也由 2002 年的 1.07%增长到 2008 年的近 15%。商业化晶体硅太阳能电池的光电转换效率也从13%～14%提高到16%～17%。总体来看，我国太阳能电池的国际市场份额和技术竞争力大幅提高。在产业布局上，我国太阳能电池产业已经形成了一定的集聚态势。在长三角、环渤海、珠三角、中西部地区，已经形成了各具特色的太阳能产业集群。

但是我国的光伏产业未能掌握核心技术。我国是金属硅最大的生产国和最大的出口国，但是提炼用于光伏电池的单晶硅及多晶硅的技术力量弱，不得不大量依靠进口，以数倍于金属硅出口价的钱从美、日、德等国购得由金属硅提纯出的单晶硅等光伏产业用原材料，出现了原材料需要进口，而成品又主要依靠国际市场的“两头在外”的被动局面，故我国的光伏产业经受着严峻的考验。

锂离子动力电池

锂离子动力电池是20世纪开发成功的新型高能电池，于20世纪70年代进入实用化阶段。因其具有能量高、电池电压高、工作温度范围宽、储存寿命长等优点，已广泛应用于军事和民用小型电器中，如在移动电话、便携式计算机、摄像机、照相机等设备中已部分代替了传统电池。大容量锂离子电池已在电动汽车中试用，将成为21世纪电动汽车的主要动力电源之一，并将在人造卫星、航空航天和储能方面得到应用。

锂离子动力电池的特点

电压高 单体锂离子动力电池的工作电压高达3.6伏，是镍镉电池、镍氢电池的3倍，铅酸电池的近2倍，这也是锂离子动力电池比能量高的一个重要原因。

重量轻、比能量大 锂电池的重量是相同能量的铅酸电池的1/3～1/4，从这个角度讲，锂电池消耗的资源就少。在电动自行车上应用，电池的重量减轻了70%，使整车总重量至少减轻20%。加上一般的锂电池车都是简易式的电动自行车，由于电池和整车轻，故相同电压、相同容量的电池行驶里程便更长。

体积小 锂电池的体积是铅酸电池的1/2～1/3。这提供了合理的结构和美观的外形设计条件，并能更广泛地应用于小型电器中。

循环寿命长 电池组100%充放电循环次数可以达到600次以上，使用年限可达3～5年，寿命为铅酸电池的2～3倍。

允许工作温度范围宽、低温性能好 锂离子动力电池可在−20～55℃工作，尤其适合低温使用。而水溶液电池（比如铅酸电池、镍氢电池）在低温时，由于电解液流动性变差会导致性能大大降低。

无污染 锂离子动力电池中不存在有毒物质（铅酸电池和镉镍电池存在有害物质铅和镉），因此被称为“绿色电池”，受到国家的重点扶持。

价格高 相同电压和相同容量的锂离子动力电池的价格是铅酸电池的3～4倍。随着锂离子动力电池市场的扩大，成本的降低，性能的提高，锂离子动力电池的性价比有可能超过铅酸电池。

锂离子动力电池的结构

锂离子动力电池通常有两种外形，圆柱形和长方形。

锂离子动力电池内部采用螺旋绕制结构，在正、负极间用一种非常精细而渗透性很强的聚乙烯薄膜隔离材料。正极包括由锂和二氧化钴组成的锂离子收集极，由铝薄膜组成的电流收集极。负极包括由片状碳材料组成的锂离子收集极，铜薄膜组成的电流收集极。电池内充有有机电解质溶液。另外还装有安全阀和PTC元件，以便电池在不正常状态及输出短路时能保护电池不受损坏。

单节锂电池的电压为3.6伏，在使用中常常将单节锂电池进行串、并联处理，以满足不同场合的要求。

锂离子动力电池的应用

随着20世纪微电子技术的发展，小型化的设备日益增多，对电源提出了很高的要求。锂离子动力电池随之进入了大规模的实用阶段。

锂离子动力电池最早应用于心脏起搏器中。由于锂离子动力电池的自放电率极低，放电电压平缓，使得起搏器植入人体后长期使用成为可能。

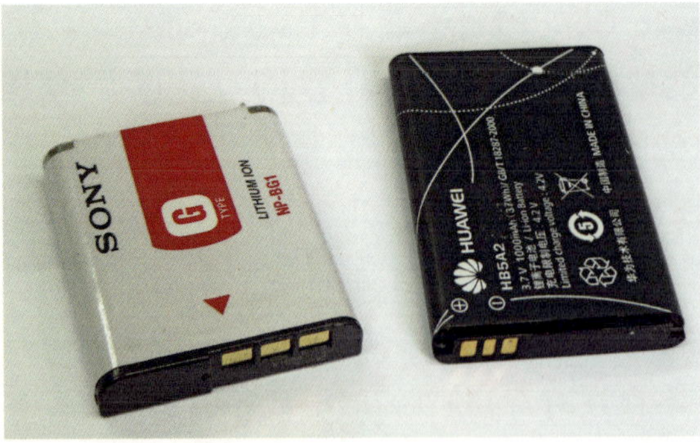

锂离子动力电池

锂离子动力电池一般有高于3伏的标准电压，更适合作集成电路电源，广泛应用于计算机、计算器、照相机、手表中。

现在，锂离子动力电池大量应用在手机上，可以说手机是其最大的应用群体。

磷酸铁锂动力电池

21 世纪，科学家研发了一种新型的磷酸铁锂离子动力电池。由于磷酸铁锂电池有优异的性能，并能生产出各种不同容量的电池，很快得到了广泛的应用。它的主要应用领域有：大型电动车辆，比如公交车、电动汽车、景点游览车及混合动力车等；轻型电动车，比如电动自行车、高尔夫球车、小型平板电瓶车、铲车、清洁车、电动轮椅等；电动工具，比如电钻、电锯、割草机等；遥控汽车、船、飞机等玩具；太阳能及风力发电的储能设备；UPS 及应急灯、警示灯及矿灯（安全性最好）；替代照相机中 3 伏的一次性锂电池及 9 伏的镍镉或镍氢可充电电池（尺寸完全相同）；小型医疗仪器设备及便携式仪器等。

电动汽车在充电

燃料电池

什么是燃料电池

燃料电池是一种将燃料化学能直接转换成电能的装置。这种装置的最大特点是由于反应过程不涉及燃烧，因此其能量转换率高达60%～80%，实际使用效率则是普通内燃机的2～3倍。当燃料和空气分别送进燃料电池，电就被奇妙地生产出来。它从外表上看有正负极和电解质等，像一个蓄电池，但实质上它不能“储电”，而是一个“发电厂”。

燃料电池在人们的印象里通常指的是氢燃料电池，但实际上现有的燃料电池技术十分多样，在电动汽车、家庭取暖和工业生产等方面都有广泛的应用。燃料电池除了可以用氢气作燃料，还可使用多种气体作为燃料。外部源源不断地向燃料电池供给燃料和氧化剂时，它就可以连续发电。

依据电解质的不同，燃料电池分为碱性燃料电池、磷酸型燃料电池、熔融碳酸盐燃料电池、固体氧化物燃料电池及质子交换膜燃料电池等。燃料电池的能量转换效率高，洁净，无污染，噪声低，模块结构，积木性强，比功率高，既可以集中供电，也适合分散供电。

燃料电池的发展

随着现代文明的发展，人们逐渐认识到传统的能源利用方式有两大弊病：一是储存于燃料中的化学能必须首先转变成热能后才能被转变成机械能或电能，这样，在机端所获得的效率只有33%～35%，一半以上的能量被损失掉了；二是传统的能源利用方式给今天人类的生活环境造成了巨量的废水、废气、废渣、废热和噪声的污染。多年来人们一直在努力寻找既有较高的能源利用效率又不污染环境的能源利用方式。这就是燃料电池发电技术。

1839年英国的格鲁夫(Grove)发明了燃料电池，并用简单的氢氧燃料电池点亮了照明灯。20世纪60年代，燃料电池成功地应用于“阿波罗”号登月飞船。从20世纪80年代开始，各种小功率燃料电池在宇航、军事、交通等各个领域中得到了应用。

目前，发达国家都将大型燃料电池的开发作为重点研究项目，企业界也纷纷斥以巨资从事燃料电池技术的研究与开发，已取得了许多重要成果，使得燃料电池具备与传统热力发电机及内燃机竞争的能力，而广泛应用于发电及汽车上。值得注意的是，这种重要的新型发电方式可以大大降低空气污染及解决电力供应、电网调峰的问题。成套燃料电池发电设备已开始进入商业化生产，各等级的燃料电池发电厂相继在一些发达国家建成。燃料电池的高效率、无污染、建设周期短、易维护以及低成本的潜能，将引爆 21 世纪新能源与环保的绿色革命。如今，在北美、日本和欧洲，燃料电池发电正以急起直追的势头快步进入工业化规模应用的阶段，将成为 21 世纪继火电、水电、核电后的第四代发电方式。

燃料电池的工作原理

在燃料电池中，氢燃料电池最有发展前途。氢燃料电池本质上是水电解的一个“逆”装置。在电解水的过程中，通过外加电源将水电解，产生氢气和氧气；而在氢燃料电池中，则是氢和氧通过电化学反应生成水，并释放电能。

燃料电池实际上是一种电化学装置，其组成与一般电池相同。单体的燃料电池由正负两个电极（负极即燃料电极，正极是氧化剂电极）以及电解质组成。不同的是，一般电池的活性物质储存在电池内部，因此限制了电池容量。而燃料电池的正、负极本身不包含活性物质，只是个催化转换元件，而活性物质则是由外部输入的，因此燃料电池是名副其实的把化学能转化为电能的能量转换机器。

燃料电池工作时，燃料和氧化剂由外部供给，进行反应。原则上只要反应物不断输入，反应产物不断排除，燃料电池就能连续发电。燃料电池运行时，必须使用流动性好的气体燃料。低温燃料电池要用氢气，高温燃料电池可以直接使用天然气、煤气。

燃料电池的经济性

小型的燃料电池可应用在交通工具、宾馆和家庭用电上，而大型的燃料电池也正在崛起，它将与火力发电竞争。

燃料电池是一种正在逐步完善的能源利用方式，对于大型的燃料电池，其投资费用正在不断地降低。燃料电池发电与常规的火电投资相比，不能单考虑电源投资，还应将长距离输电、配电投资与厂矿用电、输电能耗和能源转换装置的效率考虑在内。如此来计算，综合投资大型的火电厂每千瓦为1.3万～1.5万元。发电消耗的燃料为燃料电池的两倍以上，当发电时间超过70 000小时以后，用燃料电池发电将比用传统的热机发电更经济。在实际发电工程中，还应考虑传统的热机发电占地面积大，环境污染重的问题。随着燃料电池发电技术的不断完善，造价将不断地降低，特别是在规模化生产后，这种发电方式会对传统热机发电构成挑战。

最近国际上一些学者和国际组织认为：大容量、高参数机组发电，超高压、大电网远距离送电的集中供电是一些工业发达国家过去走过的道路。目前的情况正在发生变化，较分散的发电站的出现，再加上对改善能源投资的选择，传统的观念变得过时了。一个目前拥有50个发电厂的电力公司在未来若干年内会有几千个甚至几万个微型电站与之相连。这种电力网络类似于目前的计算机网络，少数的几台主机与众多的PC机相连。这种电网会使各种能源得到更好的利用和配置，这种变化将要求未来的电力系统运行方式有一个重大的变革。

将来的电网系统可能是现有的大电网和中小燃料电池共存的状态。因为大电网有其优越性的同时，也存在着缺陷，如高电压长距离输电将有6%～8%的损失。而分散的中小型燃料电池电站可以在许多地点建立，可以减少送电损失，同时也为电网调峰作出了贡献。中小型分散式电力系统将灵活地适应季节性和地域性的电力需求变化，日常运行维护也比输电线路低得多。在美国这样的电力工业已很发达的国家，将来对燃料电池的市场需要约为17 000兆瓦以上，即中小型分散配置，有其独特的优越性。我国也将是这样。

被称为第四代发电方式的燃料电池，由于其燃料利用效率可达80%，不排放有害气体，容量可根据需要而定，所以受到了各方面的极大关注。近年来，它作为交通动力装置已被搬上汽车、舰船。磷酸型燃料电池（PAFC）发电装置已有数万套进入宾馆和家庭运行。

新材料产业

XIN CAILIAO CHANYE

纳米材料

纳米领域

纳米领域是指在原子和分子的尺度上的构造材料和设备。它已小于宏观领域，进入了微观世界(也有人把纳米领域称作介观领域，意思是介于宏观领域和微观领域之间的领域)。在纳米世界中，小尺寸效应和量子效应开始起作用，因此在纳米世界中的事物出现了一系列与宏观世界中不同的新性能、新功效。

纳米到底有多小？纳米是一个长度的度量单位，一纳米为百万分之一毫米，也就是十亿分之一米。一根头发丝相当于几万根纳米丝组成的纳米束。一个纳米粒子(由几个到几十个原子组成)，放在乒乓球上，其大小的比例，相当于把一个乒乓球放在地球上。可见纳米粒子是多么的微小。

纳米世界的另类游戏规则和性能

由于纳米世界进入了微观领域，它的游戏规则也就变得“另类”。也就是这些另类的游戏规则，形成了性能特殊，梦幻般的纳米世界。

表面效应

超微粒的表面与大块物体的表面是十分不同的，它们的表面原子仿佛进入了“沸腾”状态，这就使超微粒子的表面具有很大的活性。在空气中，金属超微颗粒会迅速氧化而燃烧。实验发现，如果将金属铜或铝做成纳米颗粒，遇到空气就会激烈燃烧，发生爆炸。因此有可能用纳米颗粒的粉体做成火箭的固体燃料。

超微粒子具有小尺寸效应。而小尺寸效应主要表现在有诸多特殊的性能。

特殊的光学性质

当金属超微粒子尺寸小于光波波长时，就失去了原有的光泽而呈黑色。所以所有的纳米金属粒子都是黑色的。

特殊的热学性质

晶体物质在其形态为大尺寸时，其熔点是不变的，超细化后其熔点将显著降低。

特殊的磁学性质

有些动物如鸽子、海豚、蜜蜂等都有“认路”的本领，那是因为这些动物的体内有超微的磁性粒子，在地磁的导航下能辨别方向。科学发现，小尺寸的磁性超微粒子比大块的磁铁，其磁性甚至可增加到1 000倍。

特殊的力学性能

呈纳米晶粒的金属要比传统的粗晶粒金属硬3～5倍，强度比一般金属高十几倍，同时又富于弹性。纳米陶瓷有高硬度、耐高温、高韧性、低温可塑等特点，纳米陶瓷制成的发动机能在更高的温度下工作。

超微颗粒还有超导电性、介电性能、声学特性以及化学特性等。

纳米科技时代

纳米科技刚刚起步，它对人类生活的影响还微不足道，就像50年前计算机对我们还没什么影响一样。科学家们预言，今后纳米技术对人类的影响将远远超过计算机。

纳米科技、纳米产业，都是指在纳米尺度范围内构建事物的工作。而纳米材料则是纳米科技中基础的和核心的部分，为此要了解纳米材料，就有必要对纳米科技有个全面的认识。

纳米技术和纳米材料是新产业革命的主导

物质世界(包括人类)是由原子、分子构成的。生物多样性及其复杂性的来源，主要不是决定于组成它的原子和分子，而是决定于这些原子和分子在纳米尺度上的结构。如蜜蜂的腹部有着纳米磁性微粒，就可以为它导航；荷叶叶面上存在非常复杂的超微结构，才使它可以“出淤泥而不染”。一堆同样的原子和分子，由于其纳米级结构的不同，可以组成完全不同的生物。

蜜蜂

对于无机界来说也是如此，无机界的原子和分子，如果在纳米尺度上改变其结构，同样会产生新的性能和新的功能。各种新兴产业都离不开材料和设备，因此，纳米技术和纳米材料就是新产业革命的主导技术之一。

纳米机器人

美国加州大学1998年展出的微型电动机，其转子直径只有0.025毫米，齿轮只有红血球那么大，这种电动机将用于驱动可进入人体的机器人；美国贝尔实验室研制成功的跳蚤型机器人，驱动它的涡轮机小如灰尘。据悉，这种机器人今后可用在超级电脑中，它将保证电脑始终正常运转。

早在 1994 年德国科学家就研制成功一种外形如小毛虫的机器人，直径仅 0.2 毫米，可在人体血管内爬行，用来清除人体血管内的沉积物，防止心血管疾病的产生。

纳米机器人比上述的机器人还要小，只能通过显微镜才能看见。纳米机器人可以在细胞内或血液中执行各种各样的命令。其实细胞本身就是一个活生生的纳米机器，当纳米机器人进入细胞后，它能够及时发现 DNA 分子中基因编码顺序的错误，并马上修改过来，以治疗由于基因变异引起的疾病；纳米机器人进入人体后，还会分辨正常细胞与癌细胞的不同，并能及时地“炸毁”癌细胞，从而避免了现在的化疗药物不分好坏地杀死细胞，对人体造成的极大伤害。

纳米机器人在农业上也大有作为。比如植物叶子中的叶绿素是把太阳能转化为化学能而制造粮食的加工厂。模仿叶绿素制造出来的纳米机器人将可能直接利用太阳能制造食物，而创造新概念农业。

纳米机器人

纳米机器人的魔力是无穷的，它正等着人们去发掘和研制。

纳米计算机

现代计算机所用的芯片是以半导体硅为基本材料构成的大规模集成电路。大规模集成电路的特征尺寸在 0.3 微米(即 300 纳米)左右，称为微电子器件。但现有芯片的制造方法将在未来的多年内达到极限，无法突破到分子以下的尺度。而纳米技术的应用将使计算机突破这一极限。

20 世纪 80 年代，科学家们提出了量子计算机的概念。他们认为，计算机进入纳米级体系，量子效应就开始发挥作用，充分利用量子机制，将会给计算机带来重大的变革。

量子是物理世界最小的能量单位，在更为微观的空间里进行量子运算，会在速度上远远超过现有的电子计算机。预计，量子计算方式仅需几分钟，就能完成当今超级计算机需要几万年才能完成的运算。

所谓量子电脑，是指组成电脑硬件的各种元件达到原子级尺寸，其体积不到现在同类元件的 1%，因此量子电脑可以做得非常小，它就是纳米计算机。

纳米农业生产体系

在 21 世纪，以微生物技术、酶技术、细胞技术、基因技术为主导的新型纳米农业生产体系将形成，微生物产业将兴起。

生物技术被认为是 21 世纪的主导技术之一，生物工程将为解决人类所面临的环境、人口、能源、粮食等危机作出贡献。而生物工程真正能应用于工业化生产的，主要还是微生物工程，基因工程、细胞工程、酶工程和生物能量转化等高科技成果，都属于纳米生物学范畴。

微生物也就是纳米级生物，微生物的繁殖速度是惊人的。在适宜的条件下，细菌 20 分钟即可繁殖一代，24 小时后可繁殖成 4 万个细菌。为此，用纳米技术控制和改造微生物，使它们在农业、工业，尤其是食品工业中发挥作用，其效果将是巨大的。

在农业中为消除虫害还可以用纳米机械虫。这种机械虫是一个类似于昆虫的微型装置。当它“混迹”于害虫中间时，不仅可以预报害虫情况，还可以大量杀死害虫，直至消灭虫灾。

纳米技术和纳米材料的社会作用，除了上述的简单介绍外，它的用途还大着呢！在生活中，它可以创造各种新型食品，设计出新颖、智能的服装，研制出许多特效的纳米药物和纳米化妆品；纳米医学可指导治疗各种疑难杂症，并使人青春永驻；纳米技术还可用于改善环境，开发新能源产业，甚至对航天航空产业也有很大的促进作用。

碳纳米管

拥有众多奇特性能的碳纳米管，近年来受到科学界的普遍青睐。

碳纳米管的结构和性能

碳纳米管是由石墨碳原子层卷曲而成的碳管，像铁丝网卷成的一个空心圆柱状“笼形管”。根据管壁的层次，可分成单壁管、双壁管和多壁管。碳纳米管的典型管径为2～100纳米。它非常小，5万个碳纳米管并排起来才有人的一根头发丝粗。

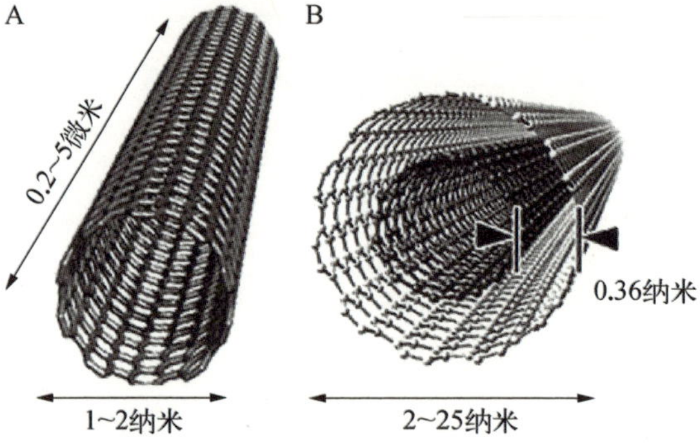

碳纳米管

作为石墨、金刚石等碳晶体家族的新成员，碳纳米管的硬度与金刚石相当，但韧性却很高。在巨大的压力下，碳纳米管可以被压扁，撤去压力后，碳纳米管会像弹簧一样，立即恢复形状。这使人们可以利用碳纳米管制造轻薄的弹簧，用在汽车、火车上作为减震装置，能够大大减轻车身的重量。

碳纳米管的强度极高，理论上比钢高100倍，而密度只有钢的1/6，因此它有可能用来制造“太空天梯”的缆绳。

目前在工业上常用的增强型纤维中，决定强度的一个关键因素是长径比，即长度与直径之比。材料工程师们希望得到纤维的长径比至少是20∶1，而碳纳米管的长径比一般在1 000∶1以上，为此，碳纳米管是理想的高强度纤维材料，被称为“超级纤维”。

碳纳米管还具有良好的导电性能，因此有可能应用于超导领域。除此之外，碳纳米管还兼具金属性和半导体性，以及最好的导热性等。因此它潜在的用途极为广泛。

碳纳米管的用途

步入21世纪，伴随碳纳米管产业化制备技术的成熟，碳纳米管已在复合材料、电子、场发射组件、能源、资源、测量、仪器、生物医药等领域中得到了较为广泛的应用。

碳纳米管制成的“绳子”

科学家利用奇妙的手段，将碳纳米管制成一种用途极大的线状物，即所谓的“碳性绳子”。也许不久之后，这种珍贵的细线就被制成储能防弹背心穿在士兵身上，或者被制成用来连接地球和卫星的轻型电缆。

能称病毒重量的秤

1999年，美国科学家利用碳纳米管发明了纳米秤。这种纳米秤能够称出一个石墨微粒的重量，并预言可以用它称取病毒的重量。纳米秤的发明对已经进入分子水平的生物学和医学研究将产生巨大的推动作用，也是碳纳米管在微观领域应用的一个突破。

纳米平板显示器

目前，电视机的显像管和计算机的显示器，都依靠电子枪向荧光屏顺序发射电子以获得各种图像。如果在荧光屏表面涂敷上百万个碳纳米管，分别控制每个像素，就可以代替电子枪。和传统显示器相比，这种显示器不仅体积小、重量轻，而且显示质量好，因此拥有极广阔的潜在市场前景。

制成高强度树胶

把碳纳米管掺入树胶便形成高强度树胶，可用于制作小型精密机械用的树胶齿轮，也可用于制作不易破损的轻型透明树胶基片。当然，如果碳纳米管的生产工艺能取得重大突破，可以生产出大批价格便宜的产品，那么用碳纳米管制得的高强度轻型复合材料定会在汽车工业中唱主角。

碳纳米管的生产工艺

为了抢占21世纪的科技高点，很多科研人员都在研制碳纳米管，因此碳纳米管的制备工艺层出不穷。目前常用的制备方法有电弧放电法，激光烧蚀法，化学气相沉积法，固相热解法，气体燃烧法等。

电弧放电法

电弧放电法是生产碳纳米管的主要方法。具体过程是将石墨电极置于充满氦气或氩气的反应容器中，在两极之间激发出电弧，此时温度可达4 000℃左右。在这种条件下，石墨会蒸发，生成的产物有富勒烯（碳 60）、无定型碳和单壁及多壁的碳纳米管。其后，还需要把碳纳米管从多种产品中分离出来。

化学气相沉积法

化学气相沉积法也称为碳氢气体热解法。这种方法是让气态烃通过附着有催化剂微粒的模板，在 800～1 200℃的条件下，气态烃可以分解生成碳纳米管。

激光烧蚀法

该方法是在一长条石英管中放置一根由金属催化剂和石墨混合制成的石墨靶。该管则置于一加热炉内。当炉温升到一定温度时，将惰性气体冲入管内，并将一束激光聚焦于石墨靶上，在激光和催化剂的共同作用下，生成碳纳米管。

碳纳米管产业的现状

当前国际市场上碳纳米管的年需求量约为 200 吨，由于国内外采用老方法生产，产量低，根本无法满足市场需求，导致供不应求，且价格昂贵。多壁管 1 000 克才几千元，而单壁管 1 克就要几百元，比黄金还贵。

2007 年，中科院老科技工作者协会推出碳纳米管低成本生产技术专利。该技术以废旧塑料为原材料，采用全新的技术途径，利用常规的生产设备，通过分散、热处理、分离等方法合成碳纳米管。目前同类产品的价格最低为2 000元/千克，而该专利的产品成本可控制在 50 元/千克以内。

纳米材料的广泛用途

纳米材料产业虽然刚刚起步，已显示出它广泛的应用前景。纳米材料在纳米涂料、纳米建筑材料、纳米储热材料、纳米空气净化器、纳米纤维及其纺织品、纳米隐身材料、纳米催化剂和纳米塑料等方面已得到实质性的应用。

纳米涂料

水滴落在荷叶上，会变成一个自由滚动的水珠，而且，水珠在滚动中能带走荷叶表面的尘土。德国科学家研究了荷叶表面的自清洁效应，发现荷叶表层生长着纳米级的蜡晶，使荷叶表面具有超疏水性，同时荷叶表面微小的乳突形成微观粗糙表面，这便赋予了荷叶"出淤泥而不染"的功能。

荷叶上的水珠

科学家们便根据荷叶的自清洁原理，即荷叶表面上有细微且粗糙的纳米结构，以此为样板制成了纳米涂料。这种纳米涂料可以在涂层表面富集一层疏水层，使吸附的污染性微粒在风雨的冲刷下脱离涂层表面，达到自清洁目的。

城市的环境污染中粉尘和气体污染尤为严重。建筑外墙正在受到越来越严重的侵蚀。涂料可以美化环境和建筑外观，但是由于传统涂料耐洗刷性差，时间不长，墙壁就会变得斑驳陆离。采用纳米技术开发的自清洁涂料可为人们创造出更为洁净、健康和靓丽的生活环境。

纳米建筑材料

利用廉价的材料做成的泡沫玻璃不仅符合环境要求，还能给生产商带来可观的经济效益。泡沫玻璃的基本原料是碎玻璃，允许使用各种颜色的平板或瓶罐玻璃碎块。这些碎玻璃经过磨细后，混合1%～5%的发泡剂，在650～950℃条件下加热发泡，即可制成一种无机非金属特种玻璃材料。由于这种材料内部充满无数个纳米级微小均匀的气孔，因而是一种性能良好的轻质、节能、保温、隔热、吸音材料。这种材料易切割加工成任何形状，目前已部分代替砖，作为墙体、天棚的材料和保温隔热的构件。

在未来的建筑中，一种新型纳米材料——碳纤维复合筋将代替钢筋成为房子的骨架。它具有质量轻、耐火、无磁等优良性能，并能抗震、防水，可节约成本。

纳米储热材料

我国是一个能耗大国，其中一次能源总消耗的1/3用于建筑领域。我国住宅建筑采暖能耗约为发达国家的3倍。因此，提高建筑领域能源的使用效率对于节约能源和保护环境具有特别重要的意义。

太阳能是用之不尽的绿色能源，但是太阳能的能源密度低，转换效率低，而且受到昼夜、季节以及云、雨等自然条件的影响，这给太阳能的大规模应用增大了难度。为了使太阳能成为连续且稳定的能源，发展为替代能源，就必须很好地解决蓄能问题，即把晴朗白天的太阳辐射能尽量储存起来，以供夜间或雨天使用。

利用相变材料的相变储能技术可达到储能的目的。相变材料是指随温度变化而改变形态（气、液、固态）并能提供潜热的物质。当温度升高时，这些材料便熔化成液体，这一过程就是吸热的过程，也就是把热能储存起来；当室温降低时，这些材料由液态变成固态，这个过程是放热的过程，即把储存的热能释放出来。这些相变材料就是一个个微型储热器，使用时可把相变材料封装于其他材料中，用于太阳能的储存。

纳米金属、合金、氧化物等可直接用作高温相变材料。纳米技术用于相变储热领域时，由于其很大的比表面积，可显著提高储热、放热的速率。具体的办法是将安装在屋顶的太阳能热水器中的热水，用水泵经导管输送到地板下的相变材料储热器中，将热能存储起来。当温度在相变温度上下波动时，相变材料会吸收或释放热量，达到室内制冷或制热的效果。

纳米空气净化器

随着人们对高品质生活的追求，室内装修、家具装饰已成为生活的一部分。但是在获得了视觉美感的同时，人们也逐渐意识到由此而引起的严重的室内空气污染问题。由于装修导致的室内空气污染的主要元凶有挥发性有机物、甲醛、苯、氨和氡等，这些都是致癌污染物。另一方面，即使在正常情况下，空气中也常有一氧化碳、氮氧化物、可吸入颗粒物、细菌和真菌等污染物的存在。

以纳米材料为核心的空气净化技术，克服了传统净化器的吸附、富集等处理方法的局限性，能够更快捷而彻底地消除空气污染物。基于纳米材料的空气净化器主要是利用纳米材料的物理吸附和化学催化作用，有效地去除空气中有毒有害的污染物，从而达到净化环境空气的效果。受污染的空气依次经过空气净化器中的除尘层、吸附层、催化反应层、消毒杀菌层等多个单元后，将危害巨大的有机污染物降解为水和二氧化碳，绝大部分无机污染物也被净化器除去，从而使空气得到净化。

另一方面，为了净化空气，应该从根源上减轻或消除空气污染。现在研究人员已研发出了本身无污染而且还能净化空气的涂料。这就是在涂料的制备过程中加入以纳米复合光催化材料（以纳米二氧化钛为主）为核心的多元复合材料。该材料具有高吸附、催化等功能，使涂料除了具有常规的性能外，还具有将空气中的污染物吸附并分解等作用，从而达到了消除空气中有害气体污染的目的。

纳米纤维及其纺织品

纳米技术的迅速发展使众多领域发生了革命性的变化。而纳米纤维的出现，不仅满足了人们医用健康的要求，同时也给传统的纺织业带来了新的生机，并且对信息技术、医疗、生物、环境和能源等领域产生了革命性的影响。

纳米纤维主要包括两个概念：一是指将各种功能性的纳米材料添加到纤维中，对纤维进行改性后得到各种功能性的纤维；二是更严格意义上的纳米纤维，一般指纤维直径小于 100 纳米的纤维，如碳纳米纤维。

目前科学家已经能利用静电纺织技术制备功能性纳米纤维纺织品。这种纳米纤维纺织品具有很好的过滤和吸附功能，可用于制造能防生物化学武器及生物化学毒物，且穿着舒适的透气性防护服。

此外纳米功能复合纤维，更是满足了现代人对健康优质生活追求的愿望。如：负离子纤维织物，会不断释放负离子，给人的身体一个如处森林般的清新健康的微环境；远红外功能纤维织物，既保暖又保健；防紫外线功能纤维织物具有良好的紫外线遮挡功能，保护人的皮肤免受过度的紫外线照射；抗菌功能纤维织物可以防治各种皮肤病；电磁屏蔽功能纤维织物，可免除电磁波对人体的损害。

纳米隐身材料

1991 年海湾战争，美军派出的 42 架 F－117A 型隐形战斗机，共出动攻击 1 270 架次，虽然只占多国部队总攻击架次的 2%，却攻击了伊拉克 40%的重要战略目标，而自身则没有受到任何损失，一时名声大噪。

为什么伊拉克的防御系统对 F－117A 束手无策呢？一个重要的原因是由于 F－117A 型战机机身表面涂敷了纳米隐身材料。它含有多种超微粒子，对不同波段的电磁波有强烈的吸收能力，从而使战机逃避侦察设备的监

F－117A 隐形战斗机

视，达到“隐身”的目的。

我们之所以能看到物体，是因为眼睛接收到物体反射的光线，同时，根据物体与所处环境反射光线的差异，从环境中分辨出这是什么物体。如果物体与环境反射到眼睛的光线相接近，人们就很难从环境中辨认出这个物体。这就是在可见光波段的“隐身”。

在战场上，人们不只用眼睛侦察，还大量使用高科技的红外、雷达侦探设备。与在可见光波段“隐身”的原理一样，只要我们能够使武器装备的红外或雷达信号与背景的信号接近，就能使武器装备湮没在环境中，从而在侦察设备的“眼里”隐身。

由于纳米微粒的尺寸远小于红外和雷达波的波长，因此纳米微粒材料对这种波的透过率（被吸收）比常规材料要强得多，它就能使侦察设备发出的探测波束“有来无回”，便达到了“隐身”的目的。

纳米催化材料

催化剂在化工领域有着极其重要的应用。往往只需要很少量的催化剂，就可以使化学反应的速度提高成百上千倍，并且可以使一些原本需要高温、高压等苛刻条件的化学反应在比较温和的环境（较低的温度和压强）下就可以顺利地进行。在催化反应中，反应物首先被催化剂吸附住，进而在催化剂表面发生化学反应，这就能更加轻易地生成产物。

催化剂要起作用，其表面必须与反应物接触，接触的面积越大，单位时间内反应的量就越大。而且，现代工业用到的许多催化剂，譬如金、铂、钯等都是十分昂贵的物质，需要尽可能地提高单位重量催化剂的表面积，就可以在保证催化效果的情况下，节省催化剂的用量，以降低生产成本。

纳米催化剂就是把催化剂制成纳米级别的细小颗粒，由于纳米颗粒是如此的微小，使单位重量催化剂的表面积增大，这就大大增加了催化反应进行的场所，提高了催化效率。

但是纳米催化剂的应用遇到了显而易见的困难。这是由于纳米粒子的表面原子十分活跃，这些活泼的纳米催化剂的小粒子，会自动融合形成大的颗粒，从而使催化剂的表面积减小。为了防止纳米催化剂的自动融合，科学家们用氧化硅介孔材料研制了一个架构，该架构能支撑起无数个小小的空间，让纳米催化剂和反应物在小空间里充分接触，而且不会自动融合。

纳米塑料

纳米技术为塑料的增韧改性提供了一种全新的方法和途径。大部分的纳米塑料是在塑料中加入无机纳米粒子形成的复合材料。由于不同的塑料基体加入不同的纳米材料，使纳米塑料的品种繁多，如纳米工程塑料、纳米导电塑料、纳米抗菌塑料、纳米吸波塑料等。

对于纳米工程塑料来说，纳米塑料中添加的“纳米”，是我国丰产的一种天然纳米材料——蒙脱土。中国科学院漆宗能研究员率领的小组，利用插层复合技术，将我国丰产的这种天然黏土矿物均匀地分散到聚合物中，从而形成纳米塑料。检测结果表明，纳米塑料呈现出优异的物理力学性能，强度高，耐热性好，密度较低。同时由于纳米粒子尺寸小于可见光波长，使纳米塑料显示出良好的透明度和较高的光泽度。

纳米塑料在各种高性能管材、汽车及机械零部件、电子及电气部件等领域的应用前景广阔，也适用于啤酒罐装、肉类和奶酪制品的包装材料。科学家预言，纳米塑料将是我国最有希望实现产业化的纳米技术之一。

纳米科技产业的构建

纳米材料作为一种新型材料，在21世纪将会引发一场技术革命。相伴而来的就是一场产业革命，以纳米技术为核心的新兴产业群无疑会迅速崛起。

纳米科技产业的特点

研制和开发是关键

由于纳米技术是高新技术，因此纳米产业的形成更多地将归结于前期的研制和开发。我国对纳米产品的研制和开发相当重视。

巨大的前后向关联度

纳米产业的前向关联度，与半导体行业、仪器设备业、机械制造业、化工业、原材料等上游相关产业联系密切；另一方面，纳米产业能大力推动生物、医药、新能源、机械制造、化工、计算机、汽车、建筑、环保等各个相关行业的发展。其前后向的关联度都是相当巨大的。

市场的广泛性

由于纳米材料是基础性产业，它的大发展将影响各行各业。因此它的下游行业将不计其数，具有相当广泛的潜在市场空间。

产业的产值将迅速提高

纳米科技产业和纳米材料产业由于其市场的广泛性，在国民经济产值中所占的比重将迅速提高。

主要参考文献

[1] 左铁镛.新型材料.北京：化学工业出版社，2002.

[2] 国家发展和改革委员会高技术产业司.中国新材料产业发展报告(2010).北京：化学工业出版社，2011.

[3] 姜振华，等.先进聚合物基复合材料技术.北京：科学出版社，2007.

[4] 梁基照.聚合物基复合材料设计与加工.北京：机械工业出版社，2011.

[5] 胡静.新材料.南京：东南大学出版社，2011.

[6] 本书编写组.纳米世界的奥秘.上海：上海科学技术文献出版社，2010.

[7] 朱张校.工程材料.北京：清华大学出版社，2011.

[8] 刘静安.铝合金材料应用与开发.北京：冶金工业出版社，2011.

[9] 奚同庚.无处不在的材料.上海：上海科学技术文献出版社，2005.